DAS PRINZIP MORD

 **David Sarno** arbeitet als freischaffender Autor und Filmemacher und ist zudem für verschiedene Film-, Fernseh- und Hörspielproduktionen als Regisseur tätig. Außerdem produziert er Dokumentationen für mehrere True-Crime-Formate des ZDF. Seine Film- und Performanceprojekte wurden mit mehreren Preisen (u. a. dem Hessischen Film- und Kinopreis) ausgezeichnet.

 **Sascha Lapp** ist Journalist und Buchautor. Seit mehr als zwanzig Jahren arbeitet er für den Hörfunk des Hessischen Rundfunks und für die ARD als Reporter, Moderator und Redakteur. Seine eigene Radiorubrik, der »Polizeireport«, ist überregional erfolgreich und in Buchform erschienen. Seit vielen Jahren produziert er Dokumentationen für verschiedene True-Crime-Formate des ZDF.

www.das-prinzip-mord.de

Die in diesem Buch beschriebenen Fälle haben sich tatsächlich ereignet. Einige Namen von Opfern und Tätern sowie deren Angehörigen wurden aufgrund geltender Persönlichkeitsrechte geändert und sind im Text mit einem * versehen. Eventuelle Namensgleichheiten mit Unbeteiligten sind gänzlich absichtslos und reiner Zufall.

SARNO/LAPP

DAS

PRINZIP

MORD

Wahren Verbrechen auf der Spur

emons:truecrime

Bibliografische Information der Deutschen Nationalbibliothek
Die Deutsche Nationalbibliothek verzeichnet diese Publikation
in der Deutschen Nationalbibliografie; detaillierte bibliografische
Daten sind im Internet über http://dnb.d-nb.de abrufbar.

© Emons Verlag GmbH
Alle Rechte vorbehalten
Umschlagmotiv: LKA Brandenburg
Umschlaggestaltung: Nina Schäfer
Gestaltung Innenteil: Nina Schäfer; DÜDE Satz und Grafik, Odenthal
Abbildungen: Porträt Wolfgang Metzger, S. 236: Martina Lammel.
Alle anderen Abbildungen stammen aus den jeweiligen Fallakten der ermittelnden
Behörden. Die Erlaubnis zum Abdruck der Bilder liegt vor.
Druck und Bindung: CPI – Clausen & Bosse, Leck
Printed in Germany 2022
ISBN 978-3-7408-1591-2
emons: t r u e c r i m e
Originalausgabe

Unser Newsletter informiert Sie
regelmäßig über Neues von emons:
Kostenlos bestellen unter
www.emons-verlag.de

INHALT

VORWORT

von David Sarno und Sascha Lapp

Seit dem Jahr 2016 produzieren wir als Autoren und Filmemacher True-Crime-Dokumentationen für das ZDF und ZDFinfo. Dabei verfolgen wir die Arbeit der Ermittler quer durch die Bundesrepublik – immer auf der Suche nach den aufregendsten Kriminalfällen. In der Regel handelt es sich um sogenannte Cold Cases. Fälle also, die nach Jahren oder sogar Jahrzehnten von der Polizei routinemäßig wiederaufgerollt werden – und dank sich stetig weiterentwickelnder technischer Methoden, vor allem im Bereich der DNA-Analyse, oft im Nachhinein aufgeklärt werden können.

Zu Beginn stellte sich uns die Frage, ob die Arbeit an diesen Themen unseren Vorstellungen eines seriösen und verantwortungsvollen Journalismus entspräche. Wir wollten das Leid anderer Menschen nicht in die Öffentlichkeit ziehen. Menschen, die durch den Verlust eines geliebten Angehörigen schon alles verloren haben, was ihnen wichtig ist. Auf der anderen Seite lag es uns ebenso fern, die Täter vorzuführen, zu analysieren und zu »Monstern« zu machen. Zu »blutrünstigen Bestien«, deren kriminelle Karriere schon von Kindesbeinen an vorbestimmt zu sein scheint.

Wir sind keine Psychologen und versuchen auch keine Charakterstudien zu zeichnen oder uns ein Urteil über das Leben und Schicksal von Opfern und Tätern zu erlauben. Aus den genannten Gründen stand es außer Frage, uns von Anfang an ausschließlich auf die Kommissare und deren hochspannende Ermittlungsarbeit zu konzentrieren. Dabei ist es manchmal nicht zu glauben, wie viel Raffinesse, Erfahrung und Akribie vonseiten der Ermittler notwendig sind, um die Täter zu überführen und hinter Gitter zu bringen. <u>Oft auch allen Widerständen zum Trotz.</u>

Am meisten aber überrascht uns stets die Offenheit der Kommissare, die uns entgegengebracht wird. Ehrlich und nüchtern berichten sie von ihrer nicht immer leichten Arbeit. Ohne Heimlichtuerei, ohne Versteckspiel.

In den oft stundenlangen Gesprächen, die wir mit den Ermittlern führen, lassen sich die einzelnen Schritte ihrer intensiven kriminalistischen Arbeit bis ins Detail nachvollziehen. Jeder Erfolg, jede Sackgasse, nichts bleibt verborgen. Wir erfahren von Kommissaren, die über Wochen hinweg und allen Widrigkeiten zum Trotz ein fünftausend Quadratmeter großes Waldstück umgraben lassen – wegen eines Bauchgefühls. Wir treffen auf Ermittler, die ein großes Schauspiel inszenieren, um den Täter noch einmal in die Nacht des Mordes zurückzuversetzen, oder hören die Geschichte des Kommissars, der an den Jahrestagen des Verbrechens immer wieder zum Tatort zurückkehrt, in der Hoffnung, hier irgendwann den gesuchten Mörder anzutreffen.

In den vielen Gesprächen offenbart sich eine Welt, die so ganz anders erscheint als das, was wir zu kennen glauben. Und doch ist alles seltsam vertraut. Denn in den Geschichten, die uns begegnen, geht es neben all der kleinteiligen Ermittlungsarbeit und den modernen technischen Methoden immer auch um die menschliche Seite jedes Falls. Um die Angehörigen der Opfer, die während der intensiven Ermittlungen einen engen Kontakt zu den Kommissaren pflegen. Immer wieder berichten uns die Ermittler von der unendlichen Dankbarkeit, die ihnen vonseiten der Angehörigen entgegengebracht wird, wenn – zum Teil nach Jahrzehnten quälender Ungewissheit – die erlösende Nachricht folgt, dass der Täter endlich gefasst wurde. Häufig entwickeln sich hier Beziehungen, die noch weit über die Verurteilung hinaus bestehen.

Aber auch das fragile Verhältnis zwischen Ermittlern und Tätern spielt eine entscheidende Rolle. Während der meist tagelang andauernden Vernehmungen schildern die Beschuldigten oft schreckliche

Verbrechen in all ihren Einzelheiten. Diese Situation erfordert eine hohe Professionalität seitens der Ermittler. Verachtung oder ähnliche negative Gefühle müssen zugunsten eines Gesprächs »auf Augenhöhe« hintangestellt werden.

Und natürlich geht es um Menschen, die bereit sind, ihr privates Leben außerhalb der Dienststelle jederzeit zu opfern, um Gewaltverbrecher zur Strecke zu bringen. <u>Kommissare, die durch ihre Ermittlungsarbeit sowohl das Leid der Opferfamilien als auch das der Angehörigen der Täter so gut es geht zu lindern versuchen.</u>

Am Ende stehen Geschichten, die Menschen in ihren Bann ziehen, weil sie wahr sind, weil das Leben selbst sie schreibt. In diesem Buch nutzen wir die Möglichkeit, die Geschichten all dieser Menschen im Detail zu erzählen, deren unterschiedliche Schicksale auf so unheilvolle Weise zusammengeführt worden sind. Wir berichten von wahren Verbrechen, die in ihrer Kaltblütigkeit auch uns als Autoren mitunter den Atem stocken ließen.

Für unsere Recherchen wurde uns von den ermittelnden Dienststellen sowie den Staatsanwaltschaften ein Großteil der Ermittlungsakten in Form von unzähligen Schriftsätzen und Abbildungen zur Einsicht überlassen. Zudem dürfen wir im vorliegenden Band das entsprechende Archiv- und Fotomaterial zu den jeweiligen Fällen veröffentlichen. All dies ist keine Selbstverständlichkeit.

Aus Rücksichtnahme gegenüber den Opfern, ihren Angehörigen und den Persönlichkeitsrechten der Täter haben wir uns, mit Ausnahme dreier historischer Fälle, die Einzug in die Rechtsgeschichte gehalten haben, dazu entschlossen, die Namen aller Beteiligten zu ändern. Nur die Klarnamen der Ermittler sind erhalten geblieben.

Für die Einwilligung zu diesem Buch und das uns entgegengebrachte Vertrauen möchten wir uns herzlich bedanken.

Welche Strafe mir auch auferlegt wird,
wird sie doch minder grausam sein
als die Erinnerung an mein Verbrechen.
Jean-Jacques Rousseau

TÖDLICHE BEGEGNUNG

Heike W., Plauen, Sachsen

Der Voigtsgrüner Wald bei Plauen in Sachsen. Es ist der Nachmittag des 10. April 1987, als sich ein Soldat der Nationalen Volksarmee der DDR auf einer Patrouillenfahrt durch das Waldgebiet befindet. Die Sonne scheint. Gleißendes Sonnenlicht bahnt sich seinen Weg durch die Wipfel der Bäume und wirft helle Flecken auf den mit Blättern übersäten Waldboden. Nur hin und wieder wird die Idylle durch das Motorengeräusch vorbeifahrender Fahrzeuge durchbrochen, die auf der nahe gelegenen Landstraße B173 das Waldstück passieren.

Gegen 15.00 Uhr stellt der Soldat seinen Wagen auf einem Waldparkplatz ab, der zum Lagern von geschlagenem Holz genutzt wird. Er muss austreten und sucht nach einer geeigneten Stelle. Dabei durchstreift er das dichte Unterholz des Waldes. Für den Bruchteil einer Sekunde sieht er im hellen Sonnenlicht plötzlich etwas aufblitzen. Neugierig tritt er ein Stück näher heran und stößt nur wenige Meter von ihm entfernt auf ein Motorrad, das zur Seite gekippt auf dem Waldboden liegt.

Ein paar Meter weiter entdeckt der Soldat schließlich die Leiche einer jungen Frau. Sie liegt auf dem Rücken. Die Kleidung wurde ihr vom Leib gerissen, eine Jacke bedeckt ihr Gesicht. Ihre Beine sind weit gespreizt. Um ihren Hals ist ein verknotetes Kleidungsstück gelegt, mit dem sie offensichtlich stranguliert wurde.

Der Soldat fährt sofort ins nur wenige Kilometer entfernte Plauen, um die Polizei zu alarmieren. Seine Suche nach einer Telefonzelle führt ihn in ein nahe gelegenes Neubaugebiet. Hier begegnet ihm zufällig eine Streife der Volkspolizei. Hektisch berichtet er von dem grauenhaften Fund, den er in dem Waldstück in der Nähe der Landstraße B173 gemacht hat. Der Soldat führt die Beamten in den Wald und zeigt ihnen die Stelle, an der er die Leiche aufgefunden hat. Wenig später trifft auch die Mordkommission vor Ort ein. Das Gebiet wird abgesperrt, Spuren werden gesichert. Bald schon gehen die Ermittler davon aus, dass die junge Frau vergewaltigt, misshandelt und anschließend mit ihrem eigenen BH erwürgt wurde.

In den Taschen des Opfers finden die Beamten zahlreiche Hinweise auf die Identität der ermordeten Frau: eine Mitgliedskarte der Konsum-Genossenschaft, Terminkarten für Arztbesuche, die Teilnahmebestätigung eines Erste-Hilfe-Kurses sowie diverse Kontoauszüge. Auf all diesen Dokumenten und Schriftstücken ist deutlich zu lesen, um wen es sich bei der Toten handelt. Es ist die 18-jährige Heike W. aus Altensalz, einem Ortsteil der Gemeinde Neuensalz im Vogtlandkreis.

Routinemäßig nehmen die Beamten sogenannte Geruchsproben. Eine in der ehemaligen DDR vielversprechende Methode, um mögliche Straftäter zu überführen. Sämtliche Gegenstände am Tatort, mit denen der Mörder in Kontakt gekommen sein könnte, werden mit Mulllappen abgerieben und anschließend in sterile Einweckgläser luftdicht verpackt. Neben den gesicherten Spuren am Tatort finden sich jedoch keine eindeutigen Hinweise darauf, wer Heike W. umgebracht haben könnte.

Und so ermittelt die Kriminalpolizei zunächst im Umfeld des Opfers. Von ihren Familienangehörigen und Freunden wird Heike W. als aufgeweckt und lebensfroh beschrieben. Die 18-Jährige besuchte gern Diskotheken, hatte sich gerade frisch verliebt. Für die Beamten gilt es herauszufinden, mit wem Heike vor ihrem Tod in Kontakt stand und wer möglicherweise ein Motiv gehabt haben könnte, sie zu ermorden. Doch die Befragungen führen zu keinem Ergebnis. Niemand kann sich erklären, aus welchem Grund Heike sterben musste.

Anhand von Zeugenaussagen beginnen die Ermittler nun damit, die letzten Stunden im Leben von Heike W. zu rekonstruieren: Am Vorabend des Mordes hält die junge Frau sich im benachbarten Plauen auf. Hier besucht sie zunächst ihre Mutter, die aufgrund einer akuten Blinddarmentzündung im Krankenhaus liegt. Anschließend nimmt Heike an einem Abendkurs in der örtlichen Volkshochschule teil. Die junge Stickerin, die im Volkseigenen Betrieb Plauener Gardine arbeitet, plant ein Studium, lernt mehrmals wöchentlich für die Hochschulreife. Gegen 20.00 Uhr an diesem Abend endet der Kurs. Heike, die mit ihrem Motorrad unterwegs ist, möchte jedoch noch nicht nach Hause fahren und beschließt, eine Freundin zu besuchen.

Als sie sich eine Stunde später dann aber doch dafür entscheidet, den Heimweg anzutreten, zieht gerade ein starker Schauer über Plauen hinweg. Heike nutzt eine Regenpause und verlässt schließlich gegen 21.45 Uhr die Wohnung ihrer Freundin.

Diese wird später zu Protokoll geben, dass das Motorrad von Heike W. offenbar Startschwierigkeiten gehabt habe. Nach mehreren Versuchen sei es Heike dann irgendwann doch gelungen, den Motor zu starten und davonzufahren. An einer Kreuzung wird Heike wenig später von einem Straßenbahnfahrer, der an diesem Abend Dienst hat, das letzte Mal gesehen. Danach verliert sich ihre Spur.

Das weitere Schicksal der 18-Jährigen kann von den Ermittlern im Detail nicht mehr rekonstruiert werden. Die Beamten gehen jedoch davon aus, dass Heike auf ihrem Weg nach Hause mit dem Motorrad eine Panne hat. Dafür spricht ein weiterer Regenschauer, der sich gegen 22.00 Uhr über der Stadt entlädt. Das Modell von Heikes Motorrad gilt als anfällig gegenüber Feuchtigkeit und Nässe. In der Regel kann es erst nach der Trocknung wieder gestartet werden. Zudem lässt die spätere Untersuchung des Motorrads am Tatort ebenfalls auf eine Panne schließen. Die Ermittler stellen fest, dass der Benzinhahn geschlossen ist. Außerdem ist der Zündschalter auf »Aus« gestellt. Heike muss das Motorrad in dieser Nacht geschoben haben. In ihr nur wenige Kilometer entferntes Zuhause wird sie nie zurückkehren.

Die Polizei nimmt vorbestrafte Kriminelle in den Fokus, die in der Umgebung des Tatorts und in angrenzenden Ortschaften leben.

Insgesamt werden rund achthundert Personen, darunter Räuber, Einbrecher und Sexualstraftäter, auf ihre Alibis hin überprüft, und es werden Geruchsproben genommen. Diese werden mit jenen Proben abgeglichen, die an verschiedenen Gegenständen am Tatort gesichert wurden. Speziell ausgebildete Hunde, sogenannte Geruchsdifferenzierungshunde, werden herangezogen. Die Proben werden ihnen buchstäblich unter die Nase gehalten, damit sie erschnüffeln, ob sich der Geruch eines mutmaßlichen Tatverdächtigen auch am Tatort befunden hat. Doch Heike W.s Mörder lässt sich unter den überprüften Personen nicht ausmachen.

Es bleibt ein bestimmter Kreis an Personen übrig, der durch die Ermittler noch überprüft werden müsste – doch hier enden in der ehemaligen DDR die Befugnisse der Polizei. Es handelt sich hierbei um Personen, die unter den sogenannten Paragrafen 213 fallen, also Menschen, die wegen des Verdachts der Republikflucht erfasst werden. In diesen Fällen obliegt es ausschließlich dem Ministerium für Staatssicherheit zu ermitteln. Die Polizei wird herausgehalten. Zwar stellen die Beamten eine offizielle Anfrage, eine Rückmeldung vonseiten der Staatssicherheit zum Fall der getöteten Heike W. gibt es jedoch nicht. Auch sonst ergeben sich für die Polizei keine weiteren Ermittlungsansätze. Der Fall wird zunächst beiseitegelegt und verschwindet in den Archiven der Ermittler.

Es vergehen mehr als dreizehn Jahre. Der Fall der ermordeten Heike W. ist zwar nie vergessen, wird von den Behörden zwischenzeitlich jedoch als sogenannter Cold Case geführt. Ein Altfall also, der auch nach Jahren intensiver Ermittlungsarbeit nicht geklärt werden kann. Doch Mord verjährt nicht. Und so landen die Akten im Jahr 2000 auf dem Schreibtisch von Enrico Petzold. Routinemäßig rollt der erfahrene Kommissar der Mordkommission Zwickau den Mordfall wieder auf.

Petzold setzt sich mit den damaligen Zeugen in Verbindung, durchforstet die Liste der Tatverdächtigen und sucht nach neuen Ermittlungsansätzen. Große Hoffnung setzt Petzold in die fortschreitende Entwicklung der DNA-Analytik: Vielleicht findet sich eine Spur an den eingelagerten Kleidungsstücken des Opfers, beispielsweise dem BH, mit dem Heike W. erwürgt wurde. Doch Petzold wird enttäuscht. <u>Der starke Regen in der Mordnacht hat offenbar alle Spuren verwischt.</u> <u>Dennoch wird die Kleidung von Heike W. weiterhin archiviert.</u> Die Spezialisten setzen auf die Weiterentwicklung der technischen Möglichkeiten und hoffen, den Fall möglicherweise in der Zukunft doch noch klären zu können.

In den folgenden Jahren macht die DNA-Analytik tatsächlich entscheidende Fortschritte. Den Wissenschaftlern gelingt es, zunehmend kleinere Spuren sichtbar zu machen. In Absprache mit den Biologen des Landeskriminalamts entschließt sich Kommissar Petzold im Sommer 2015, nochmals alle zuvor eingelagerten Asservate mit Hilfe der sogenannten Mikrospurenanalyse untersuchen zu lassen. In der Hoffnung, Spuren des Täters zu finden, legen die Wissenschaftler im Labor dabei ein besonderes Augenmerk auf den Knoten des BHs und unterziehen diesen einer Hautschuppenuntersuchung. Wieder vergehen

Auf dem Waldboden
liegt das umgestürzte
Motorrad von Heike W.

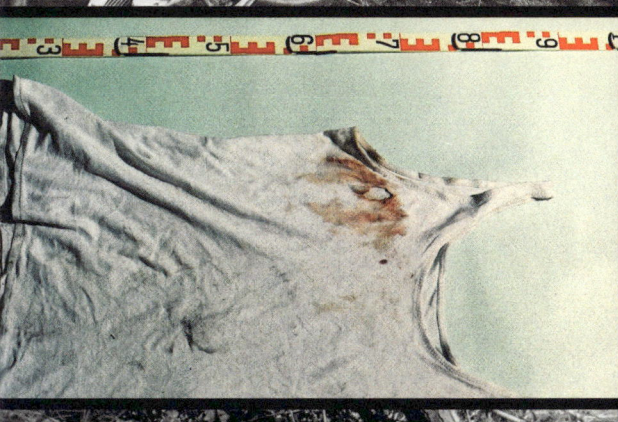

In der Gerichtsmedizin
wird die Kleidung
des Opfers auf Spuren
untersucht

Im Laub entdecken
die Beamten das
Portemonnaie der
18-Jährigen

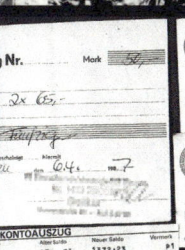

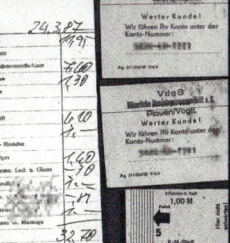

Durch den Inhalt des
Portemonnaies kann
die Identität des
Opfers festgestellt
werden

An dieser Stelle
entdeckt ein Soldat
die Leiche der
jungen Frau

r Helm von Heike W.
wird unweit der
Leiche gefunden

Die Spurensicherung
untersucht noch am
Tatort das Motorrad

Die 18-Jährige
wurde mit ihrem
eigenen BH erwürgt

mehrere Monate, in denen Petzold mit Spannung das Ergebnis der Analyse erwartet.

Anfang März des Jahres 2016 melden sich schließlich die Spezialisten des Landeskriminalamts bei Petzold. Sie teilen ihm mit, dass die Untersuchungen abgeschlossen seien und er sich das Gutachten einmal genauer anschauen solle. Petzold erhält eine E-Mail mit Anhang. Doch er hat an diesem Tag viel zu tun, und so druckt er das Gutachten aus und nimmt es nach Dienstschluss mit nach Hause. Erst am Abend widmet er sich dem Schreiben des Landeskriminalamts. Und was er hier zu lesen bekommt, verschlägt dem Kommissar buchstäblich den Atem. Seine Gedanken kreisen. Zeile für Zeile prasseln die Worte des Gutachtens wie Hammerschläge auf ihn ein: Fast dreißig Jahre nach dem Mord an Heike W. entdecken die Experten an der Spur 29.2 – dem BH des Opfers – tatsächlich eine Hautschuppe. Die DNA kann im Labor entschlüsselt werden. Sie gehört zu einer unbekannten männlichen Person.

Noch am selben Tag gibt der Kommissar die DNA in die Datenbank des Bundeskriminalamts ein. Hier sind die genetischen Daten vieler Tausender Straftäter gespeichert. Nur Sekunden später gibt es einen Treffer. Die am BH entdeckte Hautschuppe gehört zu Hartmut B.*, einem vielfach verurteilten Sexualstraftäter, der zum Zeitpunkt der Tat in der Nähe des Tatorts wohnte.

Doch auf der Liste der rund achthundert vorbestraften Personen, die nach dem Mord an Heike W. von der Polizei überprüft wurden, taucht Hartmut B. nicht auf. Die Ermittler um Kommissar Petzold suchen nach einer Begründung und finden heraus, dass Hartmut B. gegenüber dem Ministerium für Staatssicherheit immer wieder den Wunsch geäußert hatte, aus der DDR ausreisen zu wollen. Daher wurde er in den Akten als Republikflüchtling geführt und fiel unter Paragraf 213. Die

Staatssicherheit, der allein es vorbehalten war, Maßnahmen gegenüber Angehörigen dieser Gruppe zu ergreifen, blockierte jedoch die
damaligen Ermittlungen der Polizei. Und so blieb Hartmut B. über
Jahrzehnte hinweg auf freiem Fuß.

Kommissar Petzold ist überzeugt davon, den Mörder von Heike W.
gefunden zu haben. Gemeinsam mit seinem Team trägt er zunächst
weitere Informationen über Hartmut B. zusammen.

Im Staatsarchiv Chemnitz werden die Ermittler schließlich fündig.
Hier existieren tatsächlich noch Unterlagen, die die kriminelle
Karriere des heute 61-Jährigen in der ehemaligen DDR eindrücklich
belegen. Körperverletzungen, gestohlene Autos – die Liste seiner
Delikte ist lang. Außerdem wurde er Frauen gegenüber schon mehrfach
gewalttätig.

Die Unterlagen offenbaren viele weitere Details aus dem Leben von
Hartmut B. Eines seiner Verbrechen aus dem Jahr 1989 weist deutliche
Parallelen zum Mord an Heike W. auf und erregt daher auf besondere
Weise die Aufmerksamkeit der Ermittler: Zwei Jahre nach dem Tod
der 18-Jährigen versucht Hartmut B. die Arbeitskollegin seiner
Lebensgefährtin zu vergewaltigen. Einem glücklichen Umstand ist es
geschuldet, dass ein Passant den nächtlichen Überfall stört. Der
jungen Frau gelingt es zu fliehen. Der Zufall rettet ihr womöglich
das Leben. Damals jedoch sieht niemand eine Verbindung zu dem Fall
der ermordeten Heike W.

Jahrzehnte nach der Mordtat plant Petzold nun die Festnahme von
Hartmut B. Anhand der Unterlagen können die Beamten den Wohnort des
Mannes ausfindig machen. Der Kommissar geht aufgrund der kriminel-
len Vergangenheit des inzwischen 61-Jährigen nicht davon aus, dass

dieser sich kooperativ zeigen wird. Und so setzt der Mordermittler auf den Überraschungseffekt.

Am frühen Morgen des 21. März 2016 sammelt sich ein Spezialeinsatzkommando der Polizei vor der Wohnung des mutmaßlichen Mörders von Heike W. Letzte Details zum bevorstehenden Zugriff werden geklärt. Zivilbeamte, die das Wohnhaus zuvor ausgekundschaftet haben, bestätigen die Anwesenheit des gesuchten Mannes. Nur wenige Minuten später stürmen die Beamten des SEK die Wohnung. Hier treffen sie auf Hartmut B. und dessen Lebensgefährtin. Doch zur großen Überraschung der Polizei erfolgt seitens des 61-Jährigen wenig Gegenwehr. Im Gegenteil: Hartmut B. wirkt körperlich angegriffen, hat vier Jahre zuvor einen Schlaganfall erlitten. Petzold erläutert den Grund für die Festnahme und lässt den Mann abführen. Und obwohl ihm das Gehen sichtlich schwerfällt, legt Hartmut B. den Weg aus dem dritten Obergeschoss hinunter in den Polizeiwagen ohne Hilfe der Beamten zurück.

Die anschließende Fahrt endet im Präsidium. Hier wird Hartmut B. erkennungsdienstlich behandelt. Fotografien werden angefertigt, Fingerabdrücke genommen. Schließlich wird der 61-Jährige vernommen. Zu der Tat selbst will er sich jedoch nicht äußern. Stattdessen erzählt er freimütig aus seiner Vergangenheit, aus seiner Schulzeit und von den Rekorden, die er im Sportunterricht aufgestellt habe. Doch sobald der Mord an der 18-jährigen Heike W. zur Sprache kommt, verstummt Hartmut B. Das Sprechen, so erinnert sich Kommissar Petzold später, falle ihm dann plötzlich wieder schwer. Aber auch wenn der Beschuldigte beharrlich schweigt, haben die Ermittler eine Vermutung, was sich in der Nacht des Mordes tatsächlich zugetragen haben könnte.

Petzold findet heraus, dass die Mutter von Hartmut B. zum Zeitpunkt der Tat in einer Plattenbausiedlung am Ortsrand von Plauen wohnt. Der Wohnkomplex befindet sich nur wenige hundert Meter von jener Straßenkreuzung entfernt, an der Heike W. von einem Straßenbahnfahrer das letzte Mal lebend gesehen wird. Die Beamten vermuten, dass sich Hartmut B. am Abend vor dem Mord in der Wohnung seiner Mutter aufhält. Etwa gegen 21.30 Uhr verlässt der damals 32-Jährige die Wohnung und begibt sich auf den Weg nach Hause. Zu Fuß läuft er durch die von Hochhäusern gesäumten Straßen der Siedlung.

Zur selben Zeit schiebt die 18-jährige Heike W. ihr defektes Motorrad durch die regennassen Straßen von Plauen. Möglicherweise ist die junge Frau auf der Suche nach einer Telefonzelle, um ihre Familie zu kontaktieren. An einer Kreuzung trifft sie vermutlich auf ihren späteren Mörder.

Von ihrem Umfeld wird Heike als äußerst vorsichtig und zurückhaltend Fremden gegenüber beschrieben. Doch an diesem Abend ist sie auf Hilfe angewiesen. Die Ermittler nehmen an, dass Hartmut B. der jungen Frau unter dem Vorwand, sie nach Hause fahren zu wollen, anbietet, sie bis zum Parkplatz im Wald zu begleiten. Es besteht jedoch ebenfalls die Möglichkeit, dass sie vereinbaren, sich zu einer bestimmten Uhrzeit in dem abgelegenen Waldstück zu treffen. Die genauen Umstände ihres verhängnisvollen Zusammentreffens können nachträglich nicht mehr geklärt werden.

Sicher ist, dass Hartmut B. gegen 22.00 Uhr über die arglose Frau herfällt. Er reißt ihr die Kleidung vom Körper, vergewaltigt sie und erdrosselt Heike W. anschließend mit ihrem eigenen BH. Ein späteres Gutachten der Gerichtsmedizin ergibt, dass die junge Frau mehrere Minuten um ihr Leben kämpfen muss, bis sie erstickt.

Während des folgenden Prozesses verweigert Hartmut B. die Aussage. Seine ausgeprägte kriminelle Vergangenheit, die versuchte Vergewaltigung einer Frau zwei Jahre nach dem Mord an Heike W. sowie die DNA im Knoten des BHs des Opfers sprechen für die Richter eine eindeutige Sprache. Im Laufe der Verhandlung kann jedoch nicht ausgeschlossen werden, dass die Hautschuppe von Hartmut B. nicht auch auf anderem Wege oder zu einem anderen Zeitpunkt an das Kleidungsstück gekommen sein könnte.

Gemeinsam mit den Kollegen der Trassologie, einem wissenschaftlichen Bereich der Kriminalistik, der sich intensiv mit den verschiedenen Formen von Spuren und deren Herkunft befasst, möchte Petzold nun den unumstößlichen Beweis liefern. Anhand verschiedener Versuchsanordnungen rekonstruieren die Sachverständigen den damaligen Tathergang. An einer lebensechten Puppe simulieren sie den Vorgang des Erdrosselns mit einem BH. Dieser ist nahezu identisch mit jenem BH, mit dem Heike W. in der Tatnacht ermordet wurde. Weitere Versuche an der Puppe belegen schließlich, dass die Spur 29.2, die Hautschuppe von Hartmut B., ausschließlich während des Zuziehens des Knotens an diese spezielle Stelle gelangt sein kann. Endlich hält Petzold den eindeutigen Beweis in Händen, der Hartmut B. überführen wird.

Fast dreißig Jahre lang mussten die Angehörigen von Heike W. in der quälenden Ungewissheit leben, wer die junge Frau in dem kleinen Waldstück bei Plauen umgebracht hat. Enrico Petzold hat über all die Jahre hinweg engen Kontakt zur Familie der damals 18-Jährigen gehalten. Die Nachricht von der Festnahme des Mörders überbringt er persönlich. Ungläubig lauschen die Angehörigen den Ausführungen Petzolds. Die anfängliche Fassungslosigkeit weicht bald jedoch tiefer Erleichterung. Erleichterung darüber, dass der Mörder ihrer geliebten Heike endlich gefasst wurde.

Wegen Mordes wird Hartmut B. zu einer lebenslangen Haftstrafe verurteilt. Die Richter stellen außerdem die besondere Schwere der Schuld fest.

Nur wenige Meter
von diesem Parkplatz
entfernt wird die
Leiche gefunden

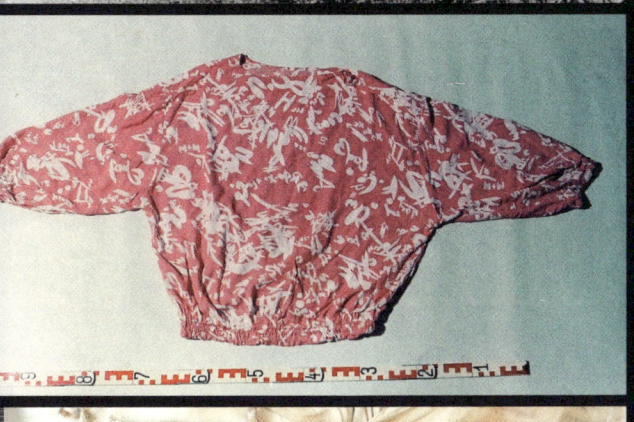

Jedes Kleidungsstück,
mit dem der Täter
in Berührung gekom-
men sein könnte, wird
untersucht

Am Knoten des BHs
wird eine Hautschuppe
des Täters entdeckt

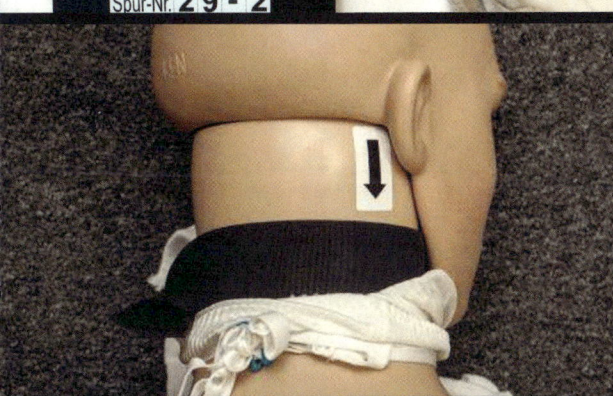

Mit einem Dummy
wird die Tatausfüh-
rung rekonstruiert

KÖNIGSBRAND

Constantin S., Götzingen, Baden-Württemberg

Götzingen in Baden-Württemberg. Rund tausendzweihundert Einwohner zählt der beschauliche Ortsteil der Gemeinde Buchen. Ein kleines Dorf inmitten des malerischen Odenwalds, umgeben von Wiesen und Wäldern. Alles erinnert an einen Heimatfilm aus den 1960er Jahren. Kleine Fachwerkhäuser säumen die engen Straßen. Einzig die Glockenschläge der auf einer Anhöhe emporragenden alten Dorfkirche durchbrechen die romantische Stille des Ortes. Der imposante Turm der Kirche bildet zusammen mit dem historischen Rathaus den Mittelpunkt Götzingens. Ihnen gegenüber liegt die Grundschule, spielende Kinder toben hier ausgelassen auf dem Schulhof umher. Nichts erinnert mehr an ein ungewöhnliches Verbrechen, das die kleine Gemeinde im Jahre 2013 bis ins Mark erschütterte.

Alles beginnt an einem Mittwoch. <u>Es ist der 20. Februar 2013, als ein Einwohner des Ortes spurlos verschwindet.</u> Der damals 56-jährige Constantin S.* lebt zurückgezogen im ehemaligen Haus seiner Eltern. Nachbarn beschreiben ihn als ruhig, aber hilfsbereit.

An diesem Morgen ist Constantin S. bei einem Bekannten zum Frühstück eingeladen. Im Laufe des Vormittags gesellt sich Bruno K.* zu den Männern hinzu. Bruno K. ist der Wirt der hiesigen Gaststätte »König«*. Nach dem Frühstück leiht Constantin S. sich das Auto von Bruno K. aus. Mit dem Wagen und einem Anhänger will er alte Weinfässer des Gastwirts transportieren, für die er in dessen Auftrag einen Käufer gefunden hat. Die späteren Ermittlungen der Polizei ergeben, dass Constantin S. die Fässer tatsächlich ausliefert. Das Geld händigt er kurz darauf Bruno K. aus. Danach jedoch verliert sich die Spur des 56-Jährigen. Constantin S. wird an diesem Vormittag das letzte Mal lebend gesehen.

Die Polizei in Buchen übernimmt die Ermittlungen. Zunächst wird das plötzliche Verschwinden von Constantin S. als Vermisstenfall behandelt. Plakate mit einem Foto des 56-Jährigen werden gedruckt und in der Gegend rund um Buchen verteilt. Während ein Hubschrauber die angrenzenden Wälder überfliegt, suchen Polizisten in der Umgebung nach dem Vermissten. Doch Constantin S. ist wie vom Erdboden verschluckt. Rund sechs Monate später werden die Ermittlungen schließlich zurückgefahren. Constantin S. bleibt verschwunden - Hinweise, die auf ein Verbrechen hindeuten, gibt es nicht.

Es vergehen weitere fünf Jahre, bis es in einer kalten Januarnacht des Jahres 2018 zu einem dramatischen Ereignis in der kleinen Odenwälder Gemeinde kommt. Der örtliche Faschingsverein führt in dieser Nacht einen Fackelumzug durch - mit einer anschließenden Feier im Dorfgemeinschaftshaus. Gegen 22.30 Uhr entdecken einige der Teilnehmer einen hellen Feuerschein am Horizont. Eilig laufen sie in Richtung der Flammen und machen mitten im Ort eine schreckliche Entdeckung: Die Gaststätte »König«, das angrenzende Wohnhaus und die Scheune stehen in Vollbrand. Hastig klopfen sie an Bruno K.s Tür und retten ihm dadurch vermutlich das Leben. In letzter Sekunde kann sich der Gastwirt ins Freie retten, bevor die meterhohen Flammen sich unbarmherzig durch die Gebäude fressen.

Die Feuerwehr rückt mit einem Großaufgebot an. Mit schwerem Gerät kämpft sie die gesamte Nacht hindurch gegen das Feuer. Von der Gaststätte und den anliegenden Gebäuden bleiben am Ende nur noch Mauerreste übrig. Verletzt wird bei dem verheerenden Brand niemand, der Sachschaden aber ist enorm.

Am nächsten Morgen offenbart sich das Ausmaß der zerstörerischen Kraft der Flammen. Der gesamte Gebäudekomplex der Gaststätte »König«

gleicht einer Ruine. Kriminaltechniker der Polizei untersuchen wenig später die Brandstelle. Ihr Ziel ist es herauszufinden, wie es zu dem Großbrand kommen konnte. Die Arbeiten in den Ruinen der ehemaligen Gaststätte erweisen sich jedoch als schwierig. Ein Brandmittelspürhund wird eingesetzt. Doch dieser schlägt nicht an. Die Ursache kann nicht ermittelt werden. Brandstiftung können die Beamten jedoch ausschließen. Brandbeschleuniger oder andere Hinweise, die auf eine Fremdeinwirkung von außen hindeuten, werden nicht entdeckt. Und so wird die Brandstelle nur eine Woche später von der Polizei wieder freigegeben. Die Ruinen können nun abgetragen werden. Für die Ermittler scheint der Fall zunächst erledigt. Doch das soll sich schnell ändern.

Am darauffolgenden Morgen erscheint ein Zeuge bei der Polizei in Buchen. Er gibt an, interessante Details preisgeben zu können – sowohl zum Großbrand in Götzingen als auch zum Vermisstenfall des 56-jährigen Constantin S., der Jahre zuvor spurlos verschwand.

Der Zeuge sagt aus, sich in der Nacht des Brandes zusammen mit dem Gastwirt Bruno K. in dessen Gaststätte aufgehalten zu haben. Gemeinsam habe man einige Bier getrunken. Aufgrund des Alkohols sei Bruno K. zunehmend redseliger geworden. Aus einer regelrechten Bierlaune heraus habe er damit begonnen, aus seiner Vergangenheit zu erzählen. Dabei sei das Gespräch auch auf den Vermissten Constantin S. gekommen. Wie aus dem Nichts habe Bruno K. plötzlich zugegeben, den 56-jährigen »um die Ecke gebracht zu haben«. Zudem liege die Leiche auf einer Zwischenebene in mehreren Metern Höhe hinten in seiner Scheune.

Da sowohl der Zeuge als auch Bruno K. in dieser Nacht stark angetrunken sind, misst er den Erzählungen des Gastwirts zunächst keine große Bedeutung bei. Möglicherweise habe Bruno K. sich nur wichtigmachen wollen. In den folgenden Tagen nach dem Brand spricht der Zeuge den Gastwirt immer wieder auf die merkwürdigen Aussagen an besagtem Abend an. Mal bestätigt Bruno K. diese, mal will er alles erfunden haben. Da der Zeuge immer unsicherer wird, wie das überraschende Geständnis von K. zu bewerten sei, wendet er sich rund eine Woche nach dem Feuer an die Polizei.

Nach den brisanten Ausführungen des Zeugen wird der Ermittler Thomas Nohe von der Mordkommission in Heilbronn eingeschaltet. Nohe ist überzeugt davon, dass der Zeuge die Wahrheit gesprochen hat. Gemeinsam mit seinem Team reist er in das rund siebzig Kilometer entfernte Götzingen. Der Kommissar weiß, dass es nun schnell gehen muss. Der Brandort wurde bereits freigegeben. Vermutlich rücken schon in wenigen Stunden die Bagger an, um die Ruinen und damit mögliche Beweise abzutragen. Die Mordkommission beschlagnahmt den Brandort und lässt die Brandstelle observieren. So soll verhindert werden, dass wichtige Spuren zerstört werden.

Bruno K., der zu diesem Zeitpunkt bei Bekannten untergekommen ist, soll zunächst nicht befragt werden. Die Mordkommission will ihn über ihre Arbeit noch im Unklaren lassen. Die Ermittler überwachen jedoch seinen Telefonanschluss. Sie erhoffen sich, dass Bruno K. weitere Personen aus seinem Umfeld kontaktiert und Details zum Verschwinden von Constantin S. preisgibt. Im Zuge der weiteren Ermittlungen werden zudem Freunde und Bekannte befragt, die zu beiden in engem Kontakt standen. Kommissar Nohe erfährt, dass die Männer über Jahre hinweg eine enge Freundschaft pflegten. In den Monaten vor dem Verschwinden von Constantin S. habe sich diese Freundschaft jedoch deutlich abgekühlt.

Die wichtigste Frage der Ermittler aber bleibt: Liegt die Leiche von Constantin S. tatsächlich unter den Trümmern der abgebrannten

Scheune, oder finden sich hier zumindest noch handfeste Beweise, die die Aussage des Zeugen untermauern?

Thomas Nohe schaltet die Experten des Kriminaltechnischen Instituts in Heilbronn ein. Der Polizeibeamte Michael Henk soll mit seinen Kollegen von der Spurensicherung in den Trümmern und Schuttbergen nach verwertbaren Beweisen suchen. Keine alltägliche Aufgabe für die Experten, die für gewöhnlich in weißen Anzügen mit Pinsel und Pinzette kleinste Spuren sichern. Doch eine Suche per Hand ist aufgrund der riesigen Trümmerteile nicht möglich. Zudem erschwert die Witterung die Arbeiten in den Ruinen – es ist nass, kalt und immer wieder fällt Schnee. Das Team um Michael Henk weiß, dass es ohne schweres Gerät nicht weiterkommen wird.

Kurz darauf rollt ein mit einem großen Raupenbagger beladener Schwertransporter durch die engen Straßen der kleinen Gemeinde Götzingen. Sein Ziel: die Überreste der ehemaligen Gaststätte »König«. Der Bagger soll den Schutt zur Seite räumen, Stück für Stück, Meter für Meter. Der Baggerführer platziert die schwere Maschine inmitten des gigantischen Trümmerberges. Die Kriminaltechniker um Michael Henk überwachen die Grabungen. Statt ihrer weißen Ganzkörperanzüge tragen sie blaue Arbeitskleidung und schwere Stiefel.

Die Aktion beginnt. Wie ein hungriges Tier frisst sich die Schaufel des Raupenbaggers durch Tonnen von Schutt. Die Maschine hebt die ersten Trümmer empor und fördert einen Stiefel zutage. Dieser hat zwar nichts mit dem Verbrechen zu tun und dennoch – die Kriminaltechnik geht vor wie immer: Der Stiefel wird abfotografiert, nummeriert und in eine Liste eingetragen. Schließlich wird er in eine Plastiktüte verpackt und zur Seite gelegt. Doch es kommen Zweifel auf. Können die Experten in diesem gigantischen Schutthaufen derart kleinteilig

Die Gaststätte
»König« und die
Nebengebäude stehen
in Vollbrand

Die Feuerwehr kämpft
gegen die Flammen

Am nächsten Morgen
wird das Ausmaß des
Brandes deutlich

Ein Brandmittel-
spürhund wird durch
die Trümmer geführt

Kriminaltechniker
untersuchen die
Ruinen der Gaststätte

In diesen Stofffetzen
entdecken die Ermitt-
ler einen Schädel

In den Trümmern
wird das Projektil
gefunden, mit dem
das Opfer erschossen
wurde

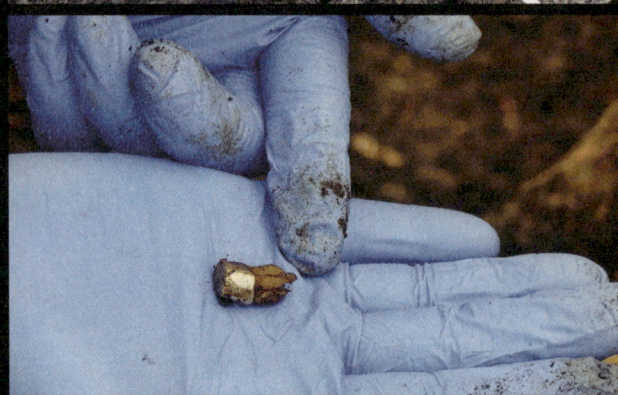

Auch der Ohrstecker
von Constantin S.
wird sichergestellt

weiterarbeiten? Immerhin waren das Gasthaus, der Wohnbereich und die Scheune voller privater Gegenstände, die, wenn sie nicht verbrannt sind, immer noch unter den Trümmern liegen. Henk und seine Kollegen müssen ihre Vorgehensweise ändern. So würde die Suche Wochen, wenn nicht Monate dauern. Doch dafür ist keine Zeit.

Die neue Strategie der Kriminaltechniker sieht vor, jede Baggerschaufel per Hand mit einem Spaten zu durchsuchen und intuitiv zu entscheiden, ob die gefundenen Gegenstände eine Rolle spielen oder nicht. Auf diese Weise kann das kleinteilige Katalogisieren von irrelevanten Gegenständen vermieden werden.

Der Baggerführer muss zuerst jedoch alle Holzbalken und schweren Gesteinsbrocken aus dem Weg räumen. Anschließend ebnen die Experten mitten in den Trümmern eine Fläche. Hierauf soll der Baggerführer nun Schaufel für Schaufel den Schutt ablegen. Am Rande der Fläche stehen Michael Henk und seine Kollegen mit Spaten und Harke bereit.

Fünf Jahre ist Constantin S. nun bereits verschwunden. Sollte die Leiche tatsächlich in den Ruinen der Gaststätte und des angrenzenden Wohnhauses liegen, so wären vermutlich nur noch größere Knochenfragmente übrig. Die gilt es nun zu finden. Dabei kommt es auch auf das Geschick des Baggerführers an. Mit äußerster Präzision und Vorsicht muss er die stählerne Schaufel des Baggers in den Schutt führen, um mögliche Spuren nicht zu zerstören. Jeder Quadratmeter im Umkreis der schweren Maschine wird abgetragen, jede Schaufelladung wird auf verwertbare Gegenstände hin untersucht und durch die Experten der Kriminaltechnik dokumentiert.

Die Arbeiten in der Ruine wecken die Neugier der Anwohner. <u>Und auch Bruno K. steht während der gesamten Suchmaßnahmen am Zaun und beobachtet wortlos das Vorgehen der Kriminaltechniker.</u>

Zwei Tage lang wird das Grundstück auf diese Weise durchsucht.

Beinahe rund um die Uhr sind die Männer auf dem Schuttberg im Einsatz. Doch die Hoffnung, in den Trümmern noch etwas Verwertbares zu finden, schwindet von Stunde zu Stunde. Haben die Ermittler den Aussagen des Zeugen zu viel Bedeutung beigemessen?

Am dritten Tag der Grabungsarbeiten auf dem von den Flammen völlig verwüsteten Grundstück bleibt nur noch jener Schutthaufen übrig, auf dem der Bagger selbst steht. Mühevoll rangiert der Baggerführer das schwere Fahrzeug zur Seite und beginnt damit, den letzten verbliebenen Hügel abzutragen. Nach nur wenigen Schaufelladungen geschieht etwas, woran niemand mehr geglaubt hat: In den Trümmern taucht ein heller Gegenstand auf. Sofort stoppen die Kriminaltechniker die Grabungsarbeiten, um das Fundstück zu untersuchen. Es handelt sich um ein in Stoff gehülltes Bündel. Als Michael Henk damit beginnt, das Paket aus den Schuttresten zu ziehen, hält er plötzlich einen menschlichen Schädel in Händen. Süßlicher Verwesungsgeruch steigt aus den Trümmern empor. Nur wenige Spatenstiche genügen, um einen Torso sowie weitere Leichenteile auszugraben. Diese sind sorgfältig in die Überreste eines Schlafsacks und in eine Plastikfolie eingewickelt. Per Hand setzen die Experten die Grabungen nun fort und entdecken ganz in der Nähe des Leichenfundortes einen winzigen Ohrstecker. Ein Stecker, wie ihn der verschwundene Constantin S. auf dem Foto trägt, mit dessen Hilfe damals nach dem 56-Jährigen gesucht worden war. Ein winziges, jedoch sehr wichtiges Detail – gefunden zwischen Tonnen von Schutt und Trümmern.

In der Gerichtsmedizin wird wenig später vor allem der Schädel einer genaueren Untersuchung unterzogen. Anhand eines DNA-Abgleichs und wegen des am Fundort sichergestellten Ohrsteckers sind die

Experten davon überzeugt, dass es sich bei der Leiche tatsächlich um die sterblichen Überreste des vor vielen Jahren verschwundenen Constantin S. handelt. Am hinteren Teil des Schädels gelingt den Gerichtsmedizinern eine weitere entscheidende Entdeckung: Ein Einschussloch – da sind sich die Experten sicher. In den Haaren, die noch am Schädel haften, findet sich sogar ein kleiner metallener Gegenstand. Röntgenaufnahmen belegen, dass es sich um das passende Projektil handelt. Constantin S. wurde eindeutig erschossen.

Als Mordermittler Thomas Nohe von der Polizei Heilbronn von dem Fund des Schädels mit dem Einschussloch erfährt, veranlasst er die Festnahme des Gastwirts. Bruno K. soll im Polizeirevier befragt werden. Dieser streitet zunächst alles ab. Doch mit den eindeutigen Beweisen konfrontiert, sieht sich K. im Laufe der Vernehmung zunehmend in die Ecke gedrängt. Schließlich kündigt er ein Geständnis an. Bruno K. gibt an, von seinem ehemaligen Freund Constantin S. in der Vergangenheit schon häufiger bestohlen worden zu sein. In der Nacht des Mordes habe er verdächtige Geräusche aus dem Gewölbekeller unterhalb der Gaststätte vernommen. Mit einem sogenannten Totschläger und einer geladenen Pistole des Kalibers 6,35 Millimeter bewaffnet geht der Gastwirt hinunter in den Keller, um nachzusehen. Dort trifft er auf S., der offensichtlich gerade eingebrochen ist. Dieser hält einige Militaria in den Händen, unter anderem Orden aus den beiden Weltkriegen sowie eine Ausgabe des Buches »Mein Kampf«. Bruno K. ist überzeugt davon, dass sein Freund die Gegenstände stehlen möchte. Wütend zieht er die Pistole und feuert eine Kugel auf Constantin S. Der Schuss trifft den 56-Jährigen in den Oberkörper. Schwer verletzt sinkt er zu Boden. Aus wenigen Metern Entfernung schießt Bruno K. seinem Opfer schließlich noch einmal in den Kopf. Nachdem der Gastwirt sich vom Tod des Mannes überzeugt hat, trägt er die Leiche in die nahe gelegene Scheune und umwickelt sie mit Folie. Anschließend packt er den Leichnam in einen Schlafsack und verschnürt alles zu einem Bündel.

Bruno K. berichtet, dass er den Leichnam in der Scheune jedoch nicht habe lagern können, da sich der Kaminfeger für den nächsten Tag angekündigt habe. Die Gefahr sei zu groß gewesen, dass dieser die Leiche bei seiner Arbeit entdeckte. Der Gastwirt beschließt, den Toten aus der Scheune zu schaffen. Mit einem kräftigen Seil, das er zuvor um den verschnürten Leichnam gebunden hat, zieht er Constantin S. die Hauswand hinauf in den ersten Stock des Hauses. Hier befinden sich die Herrentoiletten der Gaststätte. Doch auch dieser Ort eignet sich wegen der am nächsten Tag erwarteten Gäste nicht als Versteck. Und so schleppt K. den Toten die Treppe hinauf in sein Schlafzimmer. Für eine Nacht.

Bruno K. gibt an, schließlich doch noch einen Platz in der Scheune gefunden zu haben, an dem er die Leiche verstecken konnte. Auf einem Zwischenboden, in mehreren Metern Höhe. Hier liegt der Leichnam von Constantin S. fünf Jahre lang unentdeckt.

Wie es zu dem verheerenden Feuer gekommen ist, das die Gaststätte »König« in Schutt und Asche gelegt hat, kann nicht mehr geklärt werden. Die Ermittler gehen jedoch davon aus, dass es sich um einen zufällig entstandenen Brand handelt, der die Mordkommission schließlich auf die Spur des Mörders führt.

Fünf Jahre nach dem Verschwinden von Constantin S. kann das Team um Mordermittler Thomas Nohe den Fall endlich zu den Akten legen. Der ehemalige Gastwirt Bruno K. wird vom Schwurgericht Mosbach zu einer lebenslangen Haftstrafe verurteilt.

Der Bagger steht genau über der späteren Fundstelle des Skeletts

Im Keller der Gaststätte wurde das Opfer erschossen

Im hinteren Bereich des Schädels ist ein Einschussloch zu sehen

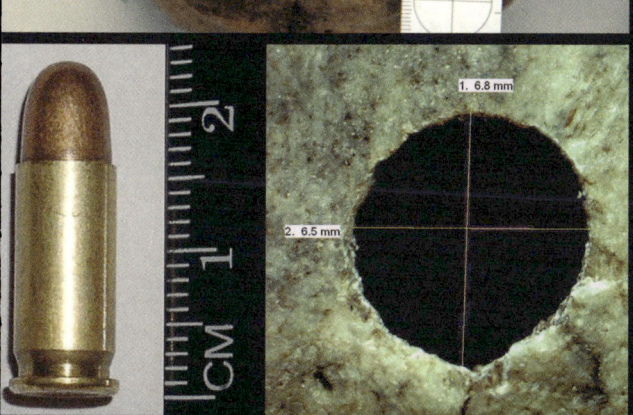

1. 6.8 mm

2. 6.5 mm

Mit einem vergleichbaren Geschoss wurde Constantin S. umgebracht

VOR DEM INNEREN AUGE

Nadine B., Vienenburg, Niedersachsen

Vienenburg, eine Ortschaft am Nordrand des Harzes nahe der nieder-
sächsischen Stadt Goslar. In der kleinen Gemeinde lebt die 22-jährige
Nadine B.* gemeinsam mit ihren Eltern.

Es ist der 14. Februar 1981. An diesem Samstagabend plant Nadine B.,
sich ins Nachtleben zu stürzen. Gegen 20.00 Uhr verlässt die junge
Frau ihr Elternhaus. Da sie kein eigenes Auto besitzt, um zu einer
rund fünfzehn Kilometer entfernten Diskothek in Goslar zu gelangen,
geht sie zunächst zu Fuß in eine nur wenige hundert Meter entfernte
Gaststätte. Wie so oft ist sie auf der Suche nach einer Mitfahrgelegenheit, doch an diesem Abend findet sich unter den Gästen niemand,
der die 22-Jährige mitnehmen könnte. Enttäuscht verlässt Nadine kurz
darauf die Gaststätte wieder – es ist das letzte Mal, dass sie lebend
gesehen wird.

Zeugen werden sich später daran erinnern, gegen 20.30 Uhr eine
junge Frau an einer Bushaltestelle am Ortsausgang von Vienenburg
gesehen zu haben. Vermutlich handelt es sich um Nadine B., die gerade
versucht, per Anhalter nach Goslar zu gelangen. Doch dort kommt sie
nie an.

Am nächsten Morgen ist in einem Naherholungsgebiet vor den Toren
der Stadt ein Jäger unterwegs. Mit seinem Hund streift er durch
weitläufige, mit Schnee bedeckte Wiesen und Felder, die im Licht der
aufgehenden Morgensonne in rötlichem Glanz erstrahlen. Die Region
»Sieben Teiche« ist vor allem bei Liebespaaren sehr beliebt. Abseits der vorbeiführenden Bundesstraße finden sich hier zahlreiche
Stellen, die es ermöglichen, sich den Blicken der Öffentlichkeit zu
entziehen.

Als der Jäger einen schmalen Feldweg passiert, sieht er einige
Meter entfernt im Schnee etwas liegen. Zunächst geht er von einem

großen Gegenstand aus, doch als er näher tritt, erkennt er die teils entstellte Leiche einer jungen Frau. <u>Sie liegt auf dem Rücken in einer schmalen Mulde. Eine hauchdünne Schneeschicht bedeckt den leblosen Körper.</u>

Der Jäger alarmiert die örtlichen Behörden, und nur wenig später sperren Polizeibeamte das Gebiet rund um den Fundort des Leichnams weiträumig ab.

Als die Beamten den leblosen Körper näher untersuchen, stellen sie fest, dass der BH der jungen Frau hochgeschoben wurde, die Hose ist weit geöffnet. Die Polizei geht von einer Sexualstraftat aus. Bei dem Leichnam werden zudem Personaldokumente entdeckt, die Aufschluss über die Identität des Opfers geben. Es handelt sich um die 22-jährige Nadine B. aus Vienenburg.

Die Beamten vermuten allerdings, dass die junge Frau nicht an dieser Stelle ermordet wurde. Denn nur rund zwanzig Meter entfernt entdecken sie eine rundliche, von Blut durchtränkte Fläche im Schnee – etwa so groß wie ein Teller. In einem Umkreis von weiteren sechs Metern finden sich zudem zahlreiche Blutspritzer, die sich deutlich vom weißen Untergrund abzeichnen, und ein von Schuhen zertretener Bereich oberhalb des großen Blutflecks. Hier, so die Vermutung der Ermittler, hat Nadine B. mit ihrem Mörder um ihr Leben gerungen.

Die Spurensicherung sucht den Tatort weiter ab und stößt dabei auf dem gefrorenen Boden auf Aschereste sowie auf eine zur Hälfte gerauchte Zigarette. Beides wird verpackt und für eine nähere Untersuchung ins Labor geschickt. An den Proben werden die Experten später Speichel entdecken – sowohl von Nadine B. als auch von einer unbekannten männlichen Person. Die Ermittler gehen davon aus, dass es sich hierbei um den Mörder der 22-Jährigen handelt. Eine genauere Analyse ist im Jahre 1981 jedoch noch nicht möglich.

Um die Todesursache zweifelsfrei feststellen zu können, wird der Leichnam von Nadine B. in der Gerichtsmedizin obduziert. Die massiven Verletzungen deuten darauf hin, dass die junge Frau mehrfach mit dem Hinterkopf auf den gefrorenen Boden geschlagen wurde. Der Schädel ist zertrümmert. Im Halsbereich werden zudem zahlreiche Einblutungen entdeckt, die dafürsprechen, dass Nadine gewürgt wurde. <u>Offensichtlich kniete der Täter auf dem sich windenden Körper</u> – vermutlich, um die Gegenwehr seines Opfers zu brechen.

Noch am selben Morgen beginnt die Mordkommission mit ihren Ermittlungen. Zunächst suchen die Beamten die Eltern des Opfers auf, um mehr über die letzten Stunden im Leben der Nadine B. zu erfahren. Die Eltern berichten von dem geplanten Diskothekenbesuch und von der Gaststätte, in der ihre Tochter schon des Öfteren eine Mitfahrgelegenheit gesucht hatte. Ein wichtiger Hinweis, dem die Beamten sofort nachgehen. Sie befragen den Wirt und die Mitarbeiter der Gaststätte sowie die an dem Abend der Tat anwesenden Gäste. Diese können sich zwar noch an die junge Frau erinnern, verwertbare Aussagen, die auf das spätere Tatgeschehen hinweisen könnten, gibt es jedoch nicht.

Ein Appell an die Öffentlichkeit vonseiten der Polizei soll Aufschluss darüber geben, wer Nadine B. nach dem Verlassen der Gaststätte noch gesehen hat. Tatsächlich meldet sich wenig später ein Ehepaar, das in der Mordnacht auf der Bundesstraße von Goslar aus in Richtung Vienenburg auf dem Nachhauseweg gewesen ist. Das Paar erinnert sich, gegen 21.00 Uhr einen Wagen bemerkt zu haben, der ihnen im Naherholungsgebiet »Sieben Teiche« mit überhöhter Geschwindigkeit entgegengekommen sei.

Kurz vor ihnen sei das Auto dann auf einen Feldweg abgebogen. Aufgrund der abendlichen Dunkelheit ist es dem Ehepaar nicht möglich, das Fahrzeug im Detail zu beschreiben. Allerdings können sie sich an die Form des Wagens erinnern. Kastenförmig sei er gewesen, mit Stufenheck. Möglicherweise ein Audi 80 oder ein VW Derby.

Doch die Angaben des Ehepaars bringen die Mordkommission zunächst nicht weiter. Ein Jahr lang versucht die Polizei, den Mörder von Nadine B. ausfindig zu machen, jedoch ohne Erfolg. Von dem Täter fehlt jede Spur.

Es vergehen weitere vierundzwanzig Jahre – der Fall der ermordeten Nadine B. wird inzwischen als sogenannter Cold Case behandelt –, bis die Ermittlungsakten aus den 1980er Jahren routinemäßig auf dem Schreibtisch von Markus Lüdke von der Mordkommission in Goslar landen. Er rollt den Fall im Jahr 2005 neu auf.

Anhand der Akten studiert Lüdke sämtliche Berichte und Zeugenbefragungen, die damals geführt wurden, und sichtet die vollständig eingelagerten Asservate. Dabei stößt er auch auf die zur Hälfte gerauchte Zigarette, die damals nur wenige Meter vom Fundort der Leiche im Schnee entdeckt worden war. In den vergangenen Jahren wurde die Zigarette bereits mehrmals im Labor untersucht. Speichelreste von Nadine B. sowie von einer männlichen Person wurden an ihr entdeckt. Die unbekannte DNA konnte bisher jedoch nicht eindeutig zugeordnet werden. Da sich die Methoden der DNA-Analytik in den vergangenen zwei Jahrzehnten nach dem Mord jedoch entscheidend weiterentwickelt haben, hofft Lüdke nun, an der Probe noch genügend Reste von Speichel zu finden, um die DNA bestimmen zu können.

Er schickt die Zigarette an die Spezialisten des Landeskriminalamts in Braunschweig. Hier wird das Asservat ein weiteres Mal einer näheren Analyse unterzogen. Tatsächlich gelingt es den Experten im Labor diesmal, die DNA des bisher unbekannten Mannes zu entschlüsseln. Ein Abgleich mit der DNA Tausender Personen aus der Datenbank des Bundeskriminalamts ergibt schließlich einen Treffer. Die entschlüsselte DNA an der Zigarette gehört zu Heiner K.*, einem polizeibekannten Straftäter, der wie Nadine B. aus Vienenburg stammt. Wegen unzähliger schwerer Delikte sitzt Heiner K. im Gefängnis. Ein Gericht verurteilte ihn wegen einer anderen Tat zu einer lebenslangen Haft mit anschließender Sicherungsverwahrung. Auch zum Zeitpunkt des Mordes an Nadine B. – vierundzwanzig Jahre zuvor – saß er schon einmal in Haft, hatte an dem besagten Wochenende jedoch Freigang.

Auch die Aussage des Zeugen-Ehepaars rückt nun wieder in den Fokus der Ermittler. Damals hatte das Paar zu Protokoll gegeben, in der Mordnacht einen Audi 80 oder einen VW Derby gesehen zu haben, der im Naherholungsgebiet »Sieben Teiche« mit hoher Geschwindigkeit in einen Feldweg abgebogen sei. Ebenjener Feldweg, in dessen Nähe später die Leiche von Nadine B. gefunden worden war.

Lüdke findet heraus, dass die Eltern von Heiner K. im Jahre 1981 einen orangefarbenen Audi 80 fuhren, den der Straftäter während seines Freigangs an den Wochenenden nutzen durfte.

Da die gesammelten Indizien allein für eine weitere Verurteilung von Heiner K. nicht ausreichen werden, plant Lüdke, den inhaftierten Mann zum Fall der ermordeten Nadine B. persönlich zu befragen. Doch ihm ist bewusst, dass Heiner K. jahrelange »Knasterfahrung« hinter sich hat. Welches Interesse sollte er also haben, an der Aufklärung eines Jahrzehnte zurückliegenden Mordfalls mitzuwirken? Lüdke rechnet mit eisernem Schweigen. Gemeinsam mit seinem Team entwickelt der

An dieser Stelle wird
Nadine B.s Leiche von
einem Jäger entdeckt

Wenige Meter vom
Leichenfundort ent-
fernt deutet alles
auf einen Kampf hin

Kampfspuren im Schnee

Neben der Leiche
wird die Handtasche
des Opfers gefunden

Eine tellergroße
blutdurchtränkte
Fläche oberhalb des
Leichenfundorts

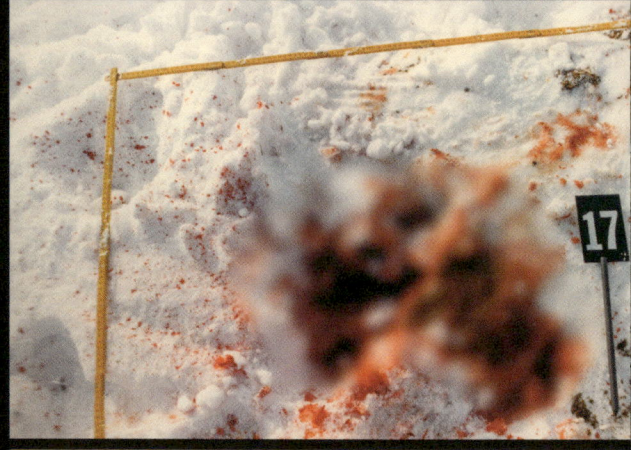

Spur Nr.: 15

Die Spurensicherung
stößt im Schnee auf
eine zur Hälfte
gerauchte Zigarette.
Im Labor werden
daran Speichelreste
des Opfers und einer
unbekannten männlichen
Person entdeckt.

	Verglimmter Tabakrest einer Zigarette, anhaftend an einem angeschmorten Zigarettenfilter
age	Böschungsrand des Feldrains, ca. o,5 m links neben Spur 14
ohaltungen	Möglicherweise Speichelspuren des Täter oder des Opfers
iter suchen auf	Blutgruppenausscheider
arb e b de Spur	Zur Untersuchung an das LKPA Nds.
atre levant	ja ( ) nein ( ) öglich (x)

Kommissar daher einen raffinierten Plan, um den mutmaßlichen Mörder von Nadine B. doch noch zu einer Aussage zu bewegen.

Der Plan sieht vor, Heiner K. in die Nacht des 14. Februar 1981 zurückzuversetzen. Eine Art Spielfilm, der vor dem inneren Auge des Mannes ablaufen soll. Dabei gilt es, Heiner K. mit allen Etappen der Tat zu konfrontieren – live und in erster Reihe. Das Team um Lüdke will die Ereignisse der Mordnacht bis ins Detail nachstellen. Die Hauptrolle wird Heiner K. zugesprochen.

Die Ermittler besorgen die asservierte Kleidung, die Nadine B. damals getragen hatte. Eine Mitarbeiterin der Mordkommission erklärt sich bereit, in die Rolle des Mordopfers zu schlüpfen. Zudem versucht Lüdke, einen orangefarbenen Audi 80, Baujahr 1970, ausfindig zu machen. Im Jahr 2005 existieren in ganz Deutschland noch gerade einmal zwei Fahrzeuge dieser Baureihe. Lüdke hat Glück, denn einer der Besitzer eines solchen Wagens stellt sein Fahrzeug für das Experiment tatsächlich zur Verfügung. Seine einzige Bedingung: Er selbst will während des Spektakels am Steuer sitzen. Lüdke ist einverstanden.

Mit einer Polizeistreife wird der inhaftierte Heiner K. schließlich aus dem Gefängnis abgeholt. Am Steuer des Wagens sitzt ein Mitarbeiter Lüdkes. Der Mordermittler selbst nimmt neben Heiner K. auf der Rückbank Platz. Dieser soll über das Ziel ihrer Reise zunächst im Unklaren gelassen werden. Vom Gefängnis aus führt die Fahrt in Richtung Vienenburg. Im Ortskern der Stadt befindet sich das Elternhaus Heiner K.s, in dem er damals die Wochenenden verbrachte.

Die Bundesstraße nach Vienenburg verläuft parallel zum Naherholungsgebiet, in dem Nadine B. ermordet aufgefunden wurde. Während der gesamten Fahrt nimmt der Kommissar Heiner K. ins Visier, um keine Reaktion des Mannes zu übersehen. Als der Wagen die Stelle passiert, an der damals der mutmaßliche Mörder mit seinem Fahrzeug in den Feldweg abgebogen war, dreht Heiner K. plötzlich seinen Kopf zur Seite und blickt für einen kurzen Moment aus dem Fenster. Ein Wimpernschlag. Für Lüdke jedoch lange genug, um sicher zu sein, den Mörder von Nadine B. neben sich sitzen zu haben.

In Vienenburg erreichen sie wenig später das aus dunklen Backsteinen erbaute Elternhaus. Der Polizeiwagen, mit Lüdke und Heiner K. auf der Rückbank, hält hinter dem orangefarbenen Audi 80, der direkt vor dem Gebäude am Straßenrand parkt. Lüdke zieht die Kopfstütze des Beifahrersitzes heraus, um Heiner K. freie Sicht auf die Inszenierung zu ermöglichen, in der er in den nächsten Minuten die Hauptrolle einnehmen wird.

Durch die Windschutzscheibe beobachtet Heiner K., wie sich der Audi 80 in Bewegung setzt. Der Polizeiwagen folgt ihm in dichtem Abstand. Die Fahrt führt durch Vienenburg in Richtung des Ortsausgangs. An einer Bushaltestelle, an der Nadine B. damals vermutlich versuchte, als Tramperin eines der vorbeifahrenden Autos anzuhalten, kommt der Konvoi schließlich zum Stehen.

Eine junge Frau wartet an der Haltestelle. Sie tritt an den Audi heran, wechselt durch das Beifahrerfenster einige Worte mit dem Fahrer und steigt ein. Während der gesamten Vorführung ist Lüdkes Blick auf den zunehmend nervös wirkenden Heiner K. gerichtet. Ein Gefühl aufkeimenden Unbehagens steht ihm ins Gesicht geschrieben. Der Kommissar ist sich sicher, dass Heiner K. spürt, wie es ihm nun »an den Kragen geht«.

Der Audi 80 setzt seine Fahrt fort. Es geht über die nahe gelegene Bundesstraße bis zum Naherholungsgebiet »Sieben Teiche«. Heiner K.

lässt den orangefarbenen Wagen vor ihnen nicht mehr aus den Augen. Mit rastlosem Blick fixiert er das Fahrzeug, das nun mit hoher Geschwindigkeit in einen abgelegenen Feldweg abbiegt. Nahezu endlos erscheint die Fahrt über die schmale, von Schlaglöchern übersäte Straße. Als plötzlich die Bremslichter des vorausfahrenden Audi 80 aufleuchten, lässt das nervöse Verhalten Heiner K.s keinen Zweifel mehr daran, dass sie den Ort erreicht haben, an dem Nadine B. vierundzwanzig Jahre zuvor auf brutale Weise ermordet wurde.

Lüdke verlässt den Polizeiwagen und läuft um das Fahrzeug herum. Er öffnet die Seitentür und fordert Heiner K. auf auszusteigen. Die Hände des Häftlings sind gefesselt, daher hilft der Kommissar ihm aus dem Wagen heraus. <u>Er bemerkt, dass Heiner K. taumelt. Für den Bruchteil einer Sekunde scheinen ihm die Beine zu versagen.</u> Vor seinem inneren Auge flammen vermutlich die grausamen Erinnerungen an die Mordnacht wieder auf. Der Todeskampf im Schnee. Die Bilder der ermordeten Nadine B., die mit zertrümmertem Schädel auf dem gefrorenen Boden liegt.

Zwar verweigert Heiner K. vor Ort jegliche Aussage, für Lüdke aber war die ungewöhnliche Inszenierung dennoch ein Erfolg. Das nervöse Verhalten des Mannes während des gesamten Schauspiels spricht für die Ermittler eine eindeutige Sprache.

Heiner K. wird in das Polizeipräsidium nach Goslar gebracht. Auch hier hat das Team um Kommissar Lüdke Vorbereitungen getroffen. Der Vernehmungsraum, in den der Häftling nun geführt wird, wurde zuvor großflächig mit Fotografien des Tatorts bestückt. An jeder Wand hängen Bilder, welche die Grausamkeit in der Mordnacht bis ins Detail dokumentieren. Mit jedem Blick soll Heiner K. mit der Tat konfrontiert werden. Aber K. schweigt noch immer beharrlich. Als Lüdke jedoch die am Tatort sichergestellte Zigarettenkippe präsentiert und die daran entdeckte DNA erwähnt, knickt Heiner K. ein. Er verlangt nach einem Rechtsanwalt, um sich über das weitere Vorgehen abzustimmen, und nur wenig später macht er eine überraschende Aussage.

Heiner K. gesteht, damals am Tatort gewesen zu sein. Zuvor habe er Nadine B. an der Bushaltestelle am Ortsausgang von Vienenburg aus seinem Wagen heraus angesprochen und schließlich mitgenommen. Alles habe sich so abgespielt, wie es die Ermittler vermuteten. Nur den Mord, den gesteht er nicht. In einer ersten Version seiner Aussage gibt Heiner K. zu Protokoll, dass Nadine eindeutige Signale gesendet habe, Sex mit ihm haben zu wollen. Daraufhin seien sie auf den abgelegenen Feldweg im Naherholungsgebiet »Sieben Teiche« gefahren. Später aber räumt er ein, dass Nadine sich dann doch geweigert habe, sich mit ihm einzulassen. Es sei zu einem heftigen Streit gekommen, in dessen Verlauf die 22-Jährige unglücklich stürzte. Als er mit seinem Wagen auf die Bundesstraße zurückgekehrt sei, habe die junge Frau allerdings noch gelebt.

Es vergehen drei Tage, an denen Heiner K. immer wieder vernommen wird. Und obwohl er sich wenig kooperativ zeigt, will Lüdke dennoch ein Versprechen einlösen. In mehreren Gesprächen mit der Mutter Heiner K.s, die den Vernehmungen vorausgegangen waren, hatte Lüdke die ältere Dame über die Tatvorwürfe gegen ihren Sohn informiert. Im Zuge dessen versprach Lüdke, ein Treffen mit ihrem Sohn im Präsidium zu arrangieren.

Lüdke erinnert sich später an die Zusammenkunft: »Es gibt bei einem Tötungsdelikt nur Opfer. Auch die Mutter hat ihren Sohn praktisch schon vor dreißig Jahren beerdigt. Lebend – im Knast. Auch sie hat ein Bedürfnis, ihren Sohn zu sehen. Wir wollten ihr etwas Gutes tun.«

Auf der Fahrt zum Präsidium erkundigt sich die Seniorin nach dem Ermittlungsstand und kündigt an, mit ihrem Sohn über die gegen ihn erhobenen Vorwürfe sprechen zu wollen.

Das Treffen findet in einem neutralen Raum statt, in dem, anders als bei Heiner K.s Vernehmung, keine Fotografien des Tatorts an den Wänden hängen. In Anwesenheit Lüdkes erzählt Heiner K. von seinen Erinnerungen an jene Nacht, in der Nadine B. starb. Doch auch im Gespräch mit seiner Mutter bleibt er bei seiner Version, die junge Frau sei nur unglücklich gestürzt.

Plötzlich geschieht etwas, mit dem keiner der Anwesenden gerechnet hat. Die Mutter Heiner K.s springt auf und wechselt auf die gegenüberliegende Seite des Tisches, an der ihr Sohn sitzt. Unter der Androhung, er solle jetzt endlich die Wahrheit sagen, sonst sei sie nicht mehr seine Mutter, verpasst sie ihm eine schallende Ohrfeige.

Die spontane Aktion der Seniorin führt schließlich dazu, das Eis zu brechen. Heiner K. schaut seiner Mutter in die Augen. Ob sie ihn auch noch liebhabe, wenn er die Wahrheit sage, will er wissen. Seine Augen beginnen zu schwimmen. »Natürlich«, antwortet sie liebevoll, »ich werde immer deine Mutter bleiben, aber du musst die Wahrheit sagen!«

Heiner K. bricht innerlich zusammen. Schluchzend liegt er in den Armen seiner Mutter und beginnt damit, ein Geständnis abzulegen. Er gibt zu, Nadine B. mehrmals mit dem Kopf auf den gefrorenen Boden geschlagen zu haben – aus Furcht, sie könne nach seinen Annäherungsversuchen zur Polizei gehen. ████████████████████████ ██ ██.

Im Folgenden gesteht Heiner K. einen weiteren bis dahin ungelösten Mord in Braunschweig. Vermutlich wird er den Rest seines Lebens im Gefängnis verbringen. Das ungewöhnliche Verfahren, Straftäter visuell mit dem mutmaßlichen Tathergang zu konfrontieren, etabliert sich fortan bei der Polizei in Goslar und hilft in den darauffolgenden Jahren, viele weitere Delikte aufzuklären.

Tatort und Fundort
der Leiche liegen
einige Meter
auseinander

Spur Nr.: 2

Im Schlamm liegt
der Schuh des Opfers

Mit Hilfe dieses
Wagens wird die Tat
rekonstruiert

MILCHGESICHT

Johanna S. und Detlef W., Wesselburen, Schleswig-Holstein

Fährt man durch die Dithmarscher Nordermarsch, entlang der Westküste Schleswig-Holsteins, führt der Weg unweigerlich an der beschaulichen Ortschaft Wesselburen vorbei. Etwas mehr als dreitausend Einwohner zählt die kleine Gemeinde, in der die verstörenden Ereignisse, die in den Jahren 2004 und 2006 eine ganze Region in Angst und Schrecken versetzen, ihren Anfang nehmen.

Das Schulzentrum in Wesselburen ist damals ein beliebter Treffpunkt bei den Jugendlichen aus der Umgebung. An einem warmen Sommerabend des 4. August 2004 trifft sich hier auch die 15-jährige Schülerin Johanna S.* mit ihren Freunden. Johanna ist bei ihren Mitschülern beliebt, gilt als fröhlich und aufgeweckt. Niemand ahnt, dass sie diese Nacht nicht überleben wird.

Gegen Mitternacht bekommt Johanna einen Anruf von ihrer Mutter. Sie macht sich zu Fuß auf den Weg nach Hause. Ihr Ziel ist das nur einen Kilometer entfernte Schülp. Doch dort kommt sie nie an.

Sechs Wochen lang gibt es kein Lebenszeichen von der Schülerin, bis am Rand eines Regenrückhaltebeckens eine Leiche entdeckt wird. Marco Klein von der Mordkommission Itzehoe erreicht damals als einer der Ersten den Tatort. Durch das hohe Gras des Ufers hindurch blickt er in das vom Todeskampf verzerrte Gesicht einer jungen Frau. Sie wurde offensichtlich ermordet. Spuren werden gesichert, eine Taucherstaffel der Polizei sucht in dem Wasserbecken nach Hinweisen, die zum Täter führen könnten.

Die Leiche der jungen Frau wird in die Gerichtsmedizin gebracht und obduziert. Schnell wird klar: Es handelt sich um die 15-jährige Schülerin Johanna S. Die Mordkommission ermittelt auf Hochtouren, überprüft alle Personen, mit denen Johanna in den letzten Stunden ihres Lebens Kontakt hatte. Dazu gehört auch Thorsten L.*, ein

Hilfsarbeiter aus Wesselburen. Am Abend von Johannas Verschwinden sitzt er gemeinsam mit seinen Freunden ebenfalls im Hof des Schulzentrums. Thorsten L. sagt aus, im Laufe des Abends einen Bekannten mit seinem Wagen ins benachbarte Schülp gefahren zu haben. Die Beamten überprüfen die Aussage des 19-Jährigen. Anhand einer sogenannten Weg-Zeit-Berechnung finden die Ermittler heraus, dass ihm auf dem Rückweg die zu Fuß an der Landstraße entlanglaufende Johanna S. hätte entgegenkommen müssen. Doch Thorsten L. bestreitet, die Schülerin gesehen zu haben. Und auch sonst habe er keinerlei verdächtige Beobachtungen gemacht. Die Ermittlungen laufen zunächst ins Leere.

Zwei Jahre vergehen, bis ein weiteres Verbrechen die Region um Wesselburen erschüttert. In der Nacht vom 21. auf den 22. August 2006 passiert der 41-jährige Erntehelfer Detlef W.* mit seinem Fahrzeug das Ortsschild von Wesselburen. Die Landstraße führt stadtauswärts in Richtung des Eidersperrwerks. Es ist eine sternlose Nacht, dunkle Gewitterwolken verhängen den Himmel.

Detlef W. ist auf dem Nachhauseweg. Ein ausgelassener Filmabend mit seinen Freunden liegt hinter ihm. Die DVDs hat er neben sich auf den Beifahrersitz gelegt. Im Licht der Scheinwerfer schält sich vor ihm plötzlich ein Wagen aus der Dunkelheit. Das Fahrzeug steht mitten auf der Fahrbahn – die Warnblinkanlage ist eingeschaltet. Detlef W. ahnt zu diesem Zeitpunkt noch nicht, dass in dem Fahrzeug sein Mörder sitzt und auf ihn wartet.

Noch in derselben Nacht wird W. erschossen in seinem Auto aufgefunden. Das Fahrzeug steht auf der Landstraße, kurz hinter dem Ortsausgang von Wesselburen.

Kommissar Marco Klein ist auch dieses Mal wieder der leitende Ermittler. Zusammen mit seinem Team versucht er, die letzten Stunden im

Leben von Detlef W. zu rekonstruieren. Der Täter ist äußerst brutal vorgegangen. Viermal schießt er mit einer 9-Millimeter-Pistole aus nächster Nähe auf W. – drei Schüsse treffen den Mann in den Kopf. Spritzer gerinnenden Blutes bedecken die Polsterung des Beifahrersitzes. In der Seitenverkleidung des Autos werden die Projektile entdeckt und sichergestellt. Eigentlich müssten vor der Fahrertür auch die entsprechenden Patronenhülsen liegen. Doch tatsächlich werden sie erst ein paar Meter hinter dem Auto gefunden. Die Ermittler suchen nach einer Erklärung.

Kommissar Klein ist davon überzeugt, dass sich das Fahrzeug von Detlef W. nach der Schussabgabe noch einige Meter bewegt hat. Offensichtlich war das Opfer nicht mehr in der Lage, dem Druck der Kupplung standzuhalten, sodass der Wagen noch ein Stück nach vorn gesprungen sein muss. Ist das Fahrzeug von Detlef W. dabei mit dem Wagen des Mörders zusammengestoßen? Tatsächlich finden sich an der Stoßstange entsprechende Spuren, die die Vermutung der Ermittler bestätigen. Kratzer, Lackanhaftungen – es muss einen Aufprall gegeben haben.

Mitten auf der Straße stellt die Spurensicherung schließlich ein kleines Kunststoffteil sicher. Unscheinbar liegt es auf dem Asphalt. Die Ermittler gehen davon aus, dass es zum Wagen des Täters gehört. Marco Klein und sein Team sind elektrisiert. Fieberhaft suchen sie nach Indizien, die sie dem Mörder von Detlef W. ein Stück näher bringen könnten. Auch mit Hilfe der Öffentlichkeit.

Und tatsächlich erreicht den Kommissar zu seiner großen Überraschung nur wenige Tage später eine Nachricht. Es gibt einen Hinweis – aus den eigenen Reihen der Polizei. Die Tochter eines Kollegen gibt an, ein junger Mann aus ihrem Umfeld habe damit geprahlt, eine

An diesem Regen-
rückhaltebecken wird
die Leiche von
Johanna S. gefunden

Mitten auf der
Landstraße steht der
Wagen des erschosse-
nen Detlef W.

Hinter dem Fahrzeug
liegen Patronenhülsen
auf der Fahrbahn

Drei Projektile
haben das Opfer
tödlich getroffen

Detailaufnahme
eines Einschusslochs

Die Projektile
haben die Beifahrer-
tür durchschlagen

Weshalb die Patronen-
hülsen hinter dem
Wagen liegen, kann
zunächst nicht
geklärt werden

Nahaufnahme einer
Patronenhülse

9-Millimeter-Pistole zu besitzen. Darüber hinaus soll er wiederholt den Wunsch geäußert haben, jemanden töten zu wollen. Die Beamten werden hellhörig. Sie gehen dem Hinweis nach und stoßen abermals auf den inzwischen 21-jährigen Thorsten L. aus Wesselburen. Er wird zur Vernehmung in eine nahe gelegene Polizeistation vorgeladen, um ihn mit den Tatvorwürfen zu konfrontieren. Hier streitet L. jedoch vehement ab, etwas mit dem Mord an Detlef W. zu tun zu haben.

Thorsten L. ahnt zu diesem Zeitpunkt nicht, dass während seiner Vernehmung im Innern der Polizeistation Beamte seinen Wagen untersuchen, den er zuvor auf dem Parkplatz vor dem Gebäude abgestellt hat. Sie suchen nach einem bestimmten Detail – und werden fündig. Am hinteren Nummernschild machen die Ermittler die entscheidende Entdeckung: An der Umrandung ist ein Kunststoffteil herausgebrochen. Ebenjenes Teil, das zuvor am Tatort gefunden worden war. Ein erdrückender Beweis.

Marco Klein und seine Kollegen durchsuchen Thorsten L.s Zimmer in seinem Elternhaus in Wesselburen. Dort stoßen sie neben einer Pistole des Kalibers 9 Millimeter auf mehrere DVDs, von denen sie vermuten, dass sie dem Opfer Detlef W. nach dessen Ermordung entwendet wurden. Der Vergleich der Aufschriften auf den DVDs mit handgeschriebenen Inventarnummern einer örtlichen Videothek bestätigt den Verdacht der Ermittler. Es handelt sich um die DVDs von Detlef W.

Die eindeutigen Beweise bringen Thorsten L. in Erklärungsnot. Der 21-Jährige steht mit dem Rücken zur Wand und räumt schließlich ein, den Erntehelfer Detlef W. in der besagten Augustnacht auf der Landstraße erschossen zu haben. Jedoch sei er zuvor von ihm provoziert worden. Er gibt an, im Straßenverkehr mehrfach von Detlef W. genötigt und abgedrängt worden zu sein.

Marco Klein hat jedoch Zweifel daran, dass sich die Tat so abgespielt hat, wie Thorsten L. sie schildert. Zeugenaussagen aus dem Umfeld von Detlef W. zeichnen ein völlig anderes Bild des 41-Jährigen. So wird das Opfer als ruhig und zurückhaltend beschrieben. Dass es zu den von L. geschilderten Nötigungshandlungen seitens Detlef W.s gekommen sein soll, hält Marco Klein für unglaubwürdig.

Dafür sprechen auch die Aufzeichnungen der Überwachungskamera einer am Ortsausgang von Wesselburen gelegenen Tankstelle. Klein findet heraus, dass die Kamera nicht nur die Zapfsäulen überwacht, sondern auch einen Teil der Landstraße erfasst, auf der Detlef W. den späteren Täter bedrängt haben soll. Zusammen mit seinem Team wertet Klein die aufgezeichneten Bilder aus der Mordnacht aus. Die Ermittler haben Glück: Ganz eindeutig ist zu erkennen, dass das Fahrzeug von Thorsten L. bereits einige Minuten vor dem Wagen des Opfers die Tankstelle passiert. Kommissar Klein vermutet, dass der 21-Jährige an der Landstraße auf sein Opfer gewartet hat, um es zu töten.

In den zahlreichen Vernehmungen erhöhen die Beamten den Druck auf Thorsten L. Und tatsächlich schildert er nun detailliert, was sich in der Nacht auf den 22. August auf der Landstraße zugetragen hat: Am Abend des 21. August trifft L. sich mit einigen Freunden auf dem Marktplatz eines Nachbarortes von Wesselburen. Das Dröhnen manipulierter Automotoren durchdringt die Stille der kleinen Straßen und Gässchen, die den Ort durchziehen. Im Laufe des Abends äußert sich einer der Beteiligten abfällig über das Fahrzeug von L. Das Lachen seiner Freunde löst große Wut in ihm aus. Wut, die herausmuss. Thorsten L. fasst den Entschluss, jemanden zu töten. Er fährt an den Ortsausgang von Wesselburen und wartet. »Der Nächste, der jetzt kommt, dem schieße ich eine Kugel in den Kopf«, wird er in den späteren Vernehmungen zu Protokoll geben.

Vor dem Fahrzeug des Opfers liegt ein unscheinbares Kunststoffteil auf der Straße. Es gehört zum Wagen des Mörders.

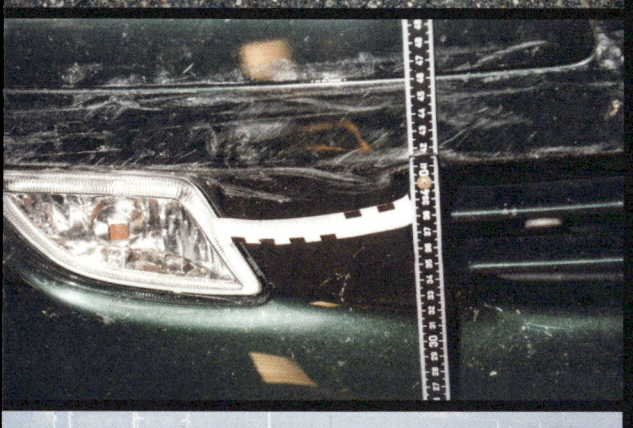

An der Front des Fahrzeugs sind deutliche Unfallspuren zu erkennen

Am Tatort werden weitere Spuren gesichert

Das Nummernschild des Täterfahrzeugs weist eine Bruchstelle auf

Der Erntehelfer Detlef W. ist zu diesem Zeitpunkt auf dem Nachhauseweg. Er überholt ein mitten auf der Straße abgestelltes Fahrzeug, dessen Warnblinkanlage eingeschaltet ist. Scheinwerfer blitzen
auf. Ein Auto zieht mit hoher Geschwindigkeit an ihm vorbei, bremst
ihn aus. Detlef W. fährt rechts ran und kurbelt die Scheibe herunter. Aus dem Wagen vor ihm steigt ein junger Mann aus und läuft
zielstrebig auf ihn zu.

Im Verhör gibt Thorsten L. an, er habe die Waffe versteckt gehalten, als er sich dem Fahrzeug von Detlef W. näherte. Kommissar
Klein will wissen, warum er die Waffe nicht offen getragen habe,
wenn ihm doch klar war, dass er den Fahrer des Wagens sowieso töten
würde. Thorsten L. erklärt, er habe nicht gewusst, wer in dem Auto
saß. Einen Bekannten oder eine Frau mit Kindern hätte er verschont.

Detlef W. aber sitzt allein im Auto. Thorsten L. zögert nicht
und schießt ihm in den Kopf. Danach greift er nach den DVDs auf dem
Beifahrersitz des Toten, steigt in seinen Wagen und flieht in die
Nacht.

Viele Stunden vergehen, in denen Kommissar Klein den jungen Mann
vernimmt, den die Lokalpresse später nur noch den »Mörder mit dem
Milchgesicht« nennen wird. Je länger die Gespräche andauern, desto
mehr blickt Klein hinter Thorsten L.s Fassade. Und plötzlich keimt ein
schrecklicher Verdacht in ihm auf. Er erinnert sich an die Schülerin
Johanna S., die zwei Jahre zuvor ermordet wurde – und daran, dass L.
in diesem Zusammenhang schon einmal in den Fokus der Ermittler geriet.
Jetzt stellt Klein die Aussage des damals 19-Jährigen, er habe das
Opfer in der Tatnacht nicht gesehen, in Frage. Er ist davon überzeugt, dass Thorsten L. auch für den Tod der 15-jährigen Schülerin
verantwortlich ist. Zwar leugnet L. vehement, den Mord an Johanna

begangen zu haben, doch der Kommissar spürt, dass der inzwischen völlig in sich zusammengesunkene junge Mann kurz davorsteht, alles zu gestehen und sein Gewissen zu erleichtern.

Thorsten L. gelingt es zwar über Stunden hinweg, sich immer wieder zu fangen. Schließlich bricht es dann aber doch aus ihm heraus. Er beginnt zu weinen und schreit, er habe Johanna erwürgt. Mit dünner Stimme schildert er dem Kommissar, was damals geschehen ist: In der Mordnacht fährt Thorsten L. einen Bekannten in das nur einen Kilometer von Wesselburen entfernte Schülp. Auf dem Rückweg begegnet er der Schülerin Johanna S., die wohl zu Fuß auf dem Weg nach Hause ist. Thorsten L. berichtet, dass er sich schon seit Wochen von dem Mädchen schlecht behandelt fühlte. Und so habe er den Entschluss gefasst, es Johanna heimzuzahlen.

Was genau er mit »heimzahlen« meine, will der Kommissar wissen. »Töten und wegschmeißen«, erwidert Thorsten L.

Thorsten L. lockt Johanna unter einem Vorwand in sein Auto und fährt auf einen Feldweg. Er gibt vor, austreten zu müssen. Als er wieder zum Wagen zurückkehrt, setzt er sich hinter Johanna auf den Rücksitz. Er legt seine Hände um den Hals der Schülerin und drückt zu. Verzweifelt versucht Johanna, sich dem Griff zu entziehen. Um noch mehr Kraft auf den Hals ausüben zu können, presst Thorsten L. seine Knie gegen die Lehne des Vordersitzes. Langsam lässt der Widerstand des Mädchens nach, bis ihr Körper schließlich erschlafft. Thorsten L. lässt von ihr ab. »Johanna, lebst du noch?«, fragt er in Richtung des langsam in den Fußraum hinabgleitenden Leichnams. Er setzt sich in den vorderen Bereich seines Wagens und überprüft den Puls der Schülerin, um sicherzugehen, dass sie tatsächlich tot ist.

Auf der Suche nach einer geeigneten Stelle, an der er Johannas Leiche verstecken kann, fährt L. durch die Nacht. Hinter einer Brücke stellt er sein Fahrzeug ab und zerrt den toten Körper des Mädchens durch das hohe Gras. Am Rand eines Regenrückhaltebeckens legt er die Leiche schließlich ab. Hier wird man die Schülerin rund sechs Wochen später finden.

Marco Klein und seinem Team ist es gelungen, die kaltblütigen Morde an der Schülerin Johanna S. und dem Erntehelfer Detlef W. aufzuklären. Der Täter Thorsten L. hat aus Wut zwei Menschen getötet und die Region um Wesselburen in Angst und Schrecken versetzt. Das Landgericht Itzehoe verurteilt den 21-Jährigen zu einer lebenslangen Haftstrafe.

Die Wohnung
des Täters wird
durchsucht

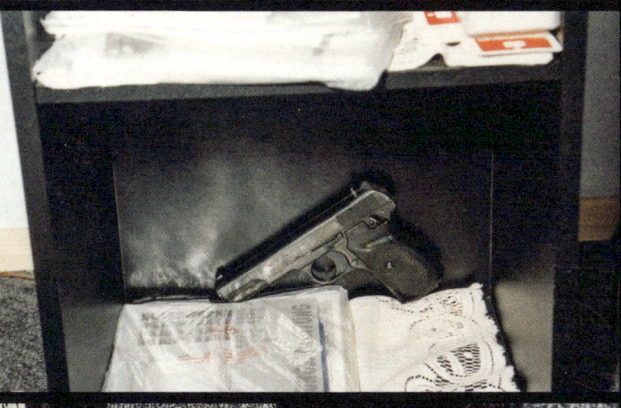

Versteckt hinter DVDs
und Videokassetten
wird die Tatwaffe
entdeckt

Mit dieser Pistole
wurde Detlef W.
dreimal in den Kopf
geschossen

Die DVDs aus dem
Besitz des Opfers
werden in der Wohnung
sichergestellt

P A R A N O I A

Baran A., Schöneberg, Berlin

Berlin im Juli 1999. In einem Wohnhaus im Stadtteil Schöneberg sind die Nachbarn in Aufruhr. Wegen eines starken Fäulnisgeruchs im Hausflur haben sie den Notruf gewählt. Als die Polizei vor Ort eintrifft, kann sie den Ursprung des unangenehmen Geruchs schnell lokalisieren: Er kommt aus einer Wohnung im zweiten Stock des Gebäudes. Selbst nach mehrmaligem Klingeln öffnet niemand die Tür, sodass die Beamten die Feuerwehr hinzuziehen. Die Wohnungstür wird aufgebrochen.

Schon beim Betreten der Wohnung strömt den Beamten ein beißender Verwesungsgeruch entgegen. Dann machen sie einen grausigen Fund: Im Wohnzimmer entdecken sie die stark verweste Leiche eines Mannes. Er sitzt auf dem Fußboden, mit dem Rücken an ein Sofa gelehnt. Sein Kopf ist in den Nacken gelegt und ruht auf der Sitzfläche. Da ein Verbrechen nicht ausgeschlossen werden kann, schalten die Beamten des Kriminaldauerdienstes die Mordkommission ein. Als die Kommissare Alexander Wieland und Ingo Kexel am Tatort eintreffen, stellen sie bald fest, dass es sich bei dem Toten um den Inhaber der Wohnung handelt – einen gewissen Baran A.*. Der aus dem Irak stammende Mann lebte offenbar allein in seiner Berliner Wohnung. Familie oder enge Freunde hatte der 55-Jährige nicht.

Wieland und Kexel verschaffen sich ein genaues Bild von der Auffindesituation der Leiche. Baran A. wurde offensichtlich erschlagen. Den Kommissaren bietet sich eine sogenannte Bewirtungssituation dar. Gläser und Flaschen stehen auf dem Wohnzimmertisch – neben Baran A. müssen hier mindestens zwei weitere Personen in geselliger Runde beisammengesessen haben. Dann jedoch scheint die Situation eskaliert zu sein. Neben dem Leichnam liegen mehrere Gegenstände. Eine zerbrochene Statuette aus Messing und eine Porzellanfigur.

Hiermit wurde dem 55-jährigen Baran A. offenbar mehrfach auf den Kopf geschlagen. Dafür sprechen auch die von den Ermittlern entdeckten Spuren an Decke und Wänden des Wohnzimmers. Es handelt sich um Blutspritzer, sogenannte Schleuderspuren, die entstehen, wenn einem Opfer mehrfach in eine blutende Wunde hineingeschlagen und das frische Blut beim Ausholen durch den Raum geschleudert wird.

Noch vor Ort wird der Leichnam durch einen Gerichtsmediziner untersucht. Dieser bestätigt den Anfangsverdacht der Beamten. <u>Baran A. ist mit hoher Wahrscheinlichkeit an den schweren Kopfverletzungen, die ihm zugefügt wurden, gestorben.</u> Die Wohnung wird von der Mordkommission beschlagnahmt. Kommissar Wieland erhält formal die sogenannte Tatorthoheit.

In den folgenden Tagen verbringt Wieland bis zu sechzehn Stunden täglich in der Mordwohnung, um gemeinsam mit Kriminaltechnikern nach Spuren zu suchen. »In den Tatort einziehen« nennt das die Polizei. Der Kommissar versucht, sich in die letzten Stunden von Baran A. hineinzuversetzen. Er will ergründen, was genau sich in der Wohnung des Opfers abgespielt hat. Dabei geht er äußerst gründlich vor: Kein Gegenstand bleibt auf dem anderen. Wieland untersucht jedes Schubfach, blickt hinter jedes Möbelstück. Jeder Schrank wird geöffnet. Die Kleidung des Opfers und weitere Gegenstände werden herausgenommen und ebenfalls untersucht.

Wieland möchte nichts übersehen – vor allem keine Hinweise, die zum Mörder führen könnten. Und es dauert nicht lange, da macht er im Badezimmer der Wohnung eine Entdeckung. Auf dem Boden liegt eine Plastiktüte, in der sich blutverschmierte Kleidung befindet. Wieland geht davon aus, dass diese möglicherweise von den Tätern getragen wurde. In der Badewanne fällt ihm außerdem ein durchnässtes und blutdurchtränktes Handtuch auf, mit dem sich die Täter nach dem Mord vermutlich gewaschen haben.

Wenig später findet Kommissar Wieland in einem Aktenkoffer das Tagebuch von Baran A. Noch bis zum Vorabend des Mordes schrieb der 55-Jährige seine Erlebnisse und Gedanken in dem Buch nieder. Das Tagebuch wurde von A. in seiner Muttersprache verfasst, daher wird ein irakischer Dolmetscher hinzugezogen, um das Geschriebene zu übersetzen.

Aus den Aufzeichnungen geht hervor, dass Baran A. bis Mitte der 1980er Jahre ein Restaurant im Rathaus von Berlin-Schöneberg führt. Das Restaurant läuft gut – die Berliner Prominenz gibt sich hier die Klinke in die Hand. Irgendwann entscheidet sich A. jedoch, das Restaurant aufzugeben. Beim Verkauf erhält er mehrere hunderttausend D-Mark und verfügt somit über ein gewisses Vermögen.

Einige Jahre später erkrankt Baran A. an einer paranoiden Schizophrenie. Aus einer Reihe ärztlicher Atteste, die ebenfalls in dem Aktenkoffer entdeckt werden, lässt sich schließen, dass der 55-Jährige sich verfolgt fühlt, sogar unter massiver Todesangst leidet. Er bildet sich ein, ein staatlicher Geheimdienst sei ihm auf den Fersen. So fürchtet er, in seiner eigenen Wohnung vergiftet, sogar vergast zu werden. Um sich vor den giftigen Gasen zu schützen, beginnt er irgendwann, die Lüftungsschlitze des Badezimmers abzukleben. Die Wohnungstür steht immer einen Spalt breit offen, um die nötige Luftzirkulation zu gewährleisten. Allerdings bleibt es nicht dabei: Bald fühlt sich A. auch in seiner Wohnung nicht mehr sicher. Er entschließt sich, um die Welt zu reisen – immer auf der Flucht und in ständiger Erwartung, von einem Geheimdienst umgebracht zu werden.

Die monatelang andauernden Reisen zehren an dem Vermögen von

An diese
gelehnt
Leiche B
gefunden

An diese
das Opfe
mit den
Tätern g

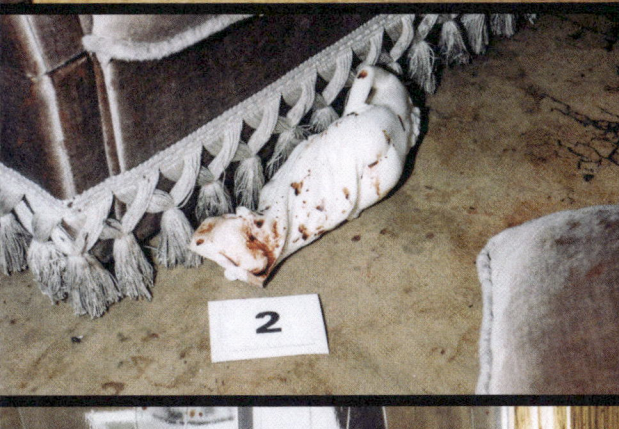

Mit dies
wurde Ba
mehrfach
Kopf ges

Am Wohnz
werden s
Schleude
entdeckt

Eines der
Tatwerkzeuge

Im Badezimmer
werden Hinweise auf
die Täter gefunden

Offenbar haben sich
die Täter gewaschen
und ein blutver-
schmiertes Handtuch
zurückgelassen

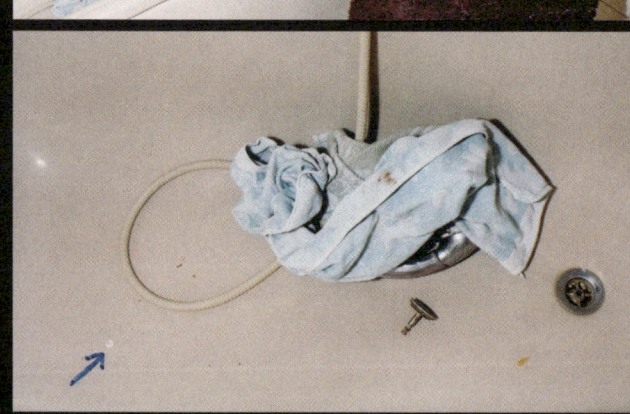

Mit dieser Kordel
eines Vorhangs wurde
das Opfer gewürgt

Baran A. Als das Geld aufgebraucht ist, kehrt er nach Berlin in seine kleine Zwei-Zimmer-Wohnung zurück. Doch die Angst, in der Wohnung ermordet zu werden, ist allgegenwärtig. Und so flüchtet A. sich immer wieder in ein Männerwohnheim in Charlottenburg. In seinem Tagebuch erwähnt er, dass er sich dort ein Zimmer mit zwei weiteren Männern teilt, den beiden Obdachlosen Ricardo B.* und Werner G.*.

Die Kommissare Wieland und Kexel verfolgen jede Spur, um den Mörder von Baran A. ausfindig zu machen. In der Hoffnung, die zwei im Tagebuch beschriebenen Männer vernehmen zu können, fahren sie in das Männerwohnheim nach Charlottenburg, treffen Ricardo B. und Werner G. aber nicht an. Ein Zeuge vor Ort sagt aus, dass die beiden Obdachlosen das Wohnheim wenige Tage zuvor fluchtartig verlassen hätten. Im Zimmer der Männer sichern die Ermittler zahlreiche Fingerabdrücke. Diese werden im Labor mit jenen Abdrücken verglichen, die in der Wohnung des Opfers an Gläsern und Flaschen gefunden worden waren. Und tatsächlich ergibt die Analyse der Fingerabdrücke durch die Spezialisten einen Treffer. Ricardo B. und Werner G. hielten sich zweifellos in der Wohnung des Ermordeten auf. Doch sind sie auch die Mörder des ehemaligen Gastwirts? Da die Spurenlage einen eindeutigen Tatverdacht zulässt, werden die beiden Männer bundesweit zur Fahndung ausgeschrieben.

Einige Wochen später erreicht die Ermittler der Berliner Mordkommission die Nachricht, dass Ricardo B. und Werner G. in einem Männerwohnheim in Bielefeld festgenommen wurden. Alexander Wieland und Ingo Kexel reisen sofort nach Bielefeld, um die Männer persönlich zu vernehmen. Schon bei der ersten Befragung in den Räumen der dortigen Polizei geben die beiden zu, Baran A. ermordet zu haben.

Im weiteren Verlauf des Verhörs kann Kommissar Wieland sich des Eindrucks nicht erwehren, dass Ricardo B. sogar erleichtert darüber zu sein scheint, endlich über das Geschehene sprechen zu können. Ohne etwas zu beschönigen, ohne Rücksicht auf das Strafmaß, gesteht er den Mord und schildert den Ermittlern, was sich am Abend der Tat in der Wohnung zugetragen hat. Er berichtet, dass Baran A. die beiden Männer zum Essen eingeladen habe. Es sollte ein vergnüglicher Abend werden – mit deftigem Kesselgulasch und noch mehr Alkohol. Im Laufe des Abends habe Baran A. immer wieder aus seiner lebhaften Vergangenheit als Besitzer seines bei der Berliner Prominenz beliebten Restaurants erzählt. Und auch von dem vielen Geld, das er damit verdient habe.

Die Kommissare Wieland und Kexel gehen davon aus, dass die Erzählungen des ehemaligen Promiwirts bei den beiden Männern zu dem Entschluss geführt haben, den 55-Jährigen zu töten und auszurauben.

Anhand der Aussagen von Ricardo B. und Werner G. können die Ermittler den heimtückischen Mord an Baran A. bis ins letzte Detail rekonstruieren: Im Wohnzimmer fallen die Männer über ihr argloses Opfer her und drücken es auf die Polster des Sofas. Baran A. hat keine Chance, sich der rohen Gewalt gegen ihn zu entziehen. Während einer der beiden den um sein Leben kämpfenden A. niederringt, greift der andere in ein Regal und entnimmt zwei Statuetten. Damit schlagen Ricardo B. und Werner G. ihrem Opfer mehrfach auf den Kopf. Blutüberströmt rutscht Baran A. vom Sofa auf den Boden. Um sicherzugehen, dass der 55-Jährige auch tatsächlich tot ist, erdrosseln sie ihn mit der Kordel eines Vorhangs.

Vom Blut ihres Opfers besudelt, gehen die beiden Männer anschließend in das Badezimmer, um sich zu waschen. Die blutverschmierte

Kleidung stecken sie in eine Plastiktüte und lassen diese neben der Badewanne liegen. Aus einem Schrank im Schlafzimmer decken sie sich mit frischer Kleidung ein und ergreifen schließlich die Flucht. Ob tatsächlich etwas aus der Wohnung des Opfers entwendet wurde, kann abschließend nicht mehr festgestellt werden.

Ricardo B. und Werner G. werden vom Landgericht Berlin wegen Mordes zu einer langjährigen Haftstrafe verurteilt. Die beiden Männer haben ihre Strafen inzwischen verbüßt. Die Ermittler der Berliner Mordkommission können den tragischen Fall um den Promiwirt Baran A. für immer zu den Akten legen.

Fund

Gegenstände, die die Tote
bei Auffinden noch bei sich
hatte.
von bolivian. StA der Botschaft
zur Aufbewahrung übergeben.   Ja

TOD AM TITICACASEE

Andrea K., Karlsruhe, Baden-Württemberg

Die Rechtsanwältin Andrea K.* aus Karlsruhe ist in der Stadt keine Unbekannte. Die 59-Jährige kann aufgrund ihres politischen und sozialen Engagements als Person des öffentlichen Lebens bezeichnet werden. Sie unterstützt mehrere Hilfsprojekte auch über die Stadtgrenzen hinaus. Seit vielen Jahren setzt sie sich für die verarmte Bevölkerung Perus ein. Immer wieder reist sie für Monate nach Südamerika, um den Menschen vor Ort zu helfen. Sie überbringt gespendete Kleidung und initiiert Brunnenbohrprojekte.

Anfang Dezember des Jahres 2008 bricht Andrea K. wie schon so oft nach Bolivien auf. Dort lebt sie in einem kleinen Haus in der Feriensiedlung »Sol y Luna« in Copacabana an der Grenze zu Peru. Das Haus liegt in unmittelbarer Nähe zum malerischen Ufer des Titicacasees auf der Altiplano-Hochebene, rund dreitausendachthundert Meter über dem Meeresspiegel.

Aufgrund ihres jahrelangen Engagements in Peru sowie durch ihre Unterstützung der dort lebenden Bevölkerung hat Andrea K. viele Freundschaften aufgebaut – nicht nur in Südamerika. Auch in Karlsruhe hat die 59-Jährige inzwischen einen großen peruanischen Freundeskreis. Zu ihrem geschiedenen Ehemann und dem gemeinsamen Sohn hält Andrea K. während ihrer Auslandsaufenthalte stets Kontakt per E-Mail. Doch diesmal bleiben die Nachrichten aus. Als auch nach Monaten kein Lebenszeichen von ihr aus Bolivien nach Deutschland dringt, werden Andrea K.s Familie und Freunde zunehmend nervös.

Einige peruanische Freunde in Deutschland beginnen mit eigenen Nachforschungen. Sie nehmen Kontakt mit Familienangehörigen in Peru auf und bitten ihre Bekannten, auf die bolivianische Seite des Titicacasees zu fahren, um nachzusehen, was mit Andrea geschehen sein könnte. Die Antwort lässt nicht lange auf sich warten. Im April des Jahres 2009 erreicht Andrea K.s Familie in Karlsruhe die Nachricht, dass schon Anfang Dezember eine Leiche am Ufer des Sees gefunden worden sei. Eine Frau mit roten Haaren. Zum Entsetzen der Angehörigen passt die Beschreibung eindeutig auf die vermisste Andrea K.

Voller Sorge wendet sich der geschiedene Ehemann an die deutsche Botschaft in Bolivien und bittet die dort ansässigen Beamten, vor Ort nachzuforschen. Doch seine Hoffnungen werden enttäuscht. Die Ermittlungsakten der lokalen Behörden zu dem Fall sind verschollen – es gibt keinen offiziellen Vorgang. <u>Niemand kann Auskunft darüber geben, um wen es sich bei der toten Frau handelt oder wo ihre Leiche bestattet wurde.</u>

Der Verdacht, dass Andrea K. etwas zugestoßen ist, erhärtet sich zunehmend. Daher überprüft nun auch die Staatsanwaltschaft in Karlsruhe die bisherigen Erkenntnisse und gelangt ebenfalls zu der Überzeugung, dass die 59-jährige Rechtsanwältin Opfer einer Straftat geworden ist.

Da zum Zeitpunkt des Fundes der unbekannten Leiche niemand Anzeige erstattete, wurden die Ermittlungen der bolivianischen Polizei eingestellt. Besitzt ein Opfer die deutsche Staatsbürgerschaft, übernehmen in solchen Fällen die deutschen Strafverfolgungsbehörden.

Der Kriminalbeamte Wolfgang Metzger von der Kriminalpolizei Karlsruhe wird schließlich mit der Klärung des mysteriösen Falls betraut. Keine alltägliche Arbeit für den Ermittler, der nun die Aufgabe hat, von seinem Schreibtisch aus die Ereignisse im rund elftausend Kilometer entfernten Bolivien zu rekonstruieren.

Metzger macht sich zunächst auf die Suche nach den verschollenen Ermittlungsakten und versucht, Indizien ausfindig zu machen, die weitere Hinweise auf den Verbleib der an einen unbekannten Ort abtransportierten Frauenleiche liefern könnten. Zusammen mit der Staatsanwaltschaft in Karlsruhe steht er dabei in engem Austausch mit der deutschen Botschaft in Bolivien. Zudem wird der Verbindungsbeamte des Bundeskriminalamts in Südamerika eingeschaltet. Dieser sitzt zwar in Lima, der Hauptstadt Perus, ist aber auch für die Strafverfolgung in Bolivien zuständig. Mit vereinten Kräften gelingt es den Behörden Wochen später schließlich, die verloren geglaubten Akten der bolivianischen Polizei ausfindig zu machen. Als diese auf dem Schreibtisch der Karlsruher Mordermittler landen, lösen die Dokumente jedoch zunächst ungläubiges Erstaunen aus. Mit Ausnahme einiger Fotografien vom Tatort finden sich darin keinerlei Aufzeichnungen über die Identität des Opfers noch darüber, wohin die Leiche gebracht wurde, oder über sonstige Ermittlungen in dem Fall.

Nur die anschließende Begutachtung des Bildmaterials lässt den Schluss zu, dass sich am Ufer des Titicacasees ein brutales Verbrechen ereignet hat. Auf den Fotografien ist eine tote Frau zu sehen. In geradezu grotesker Haltung liegt der Leichnam inmitten großer Gesteinsbrocken am Strand. Offensichtlich wurde der Frau unter enormer Gewalteinwirkung der Schädel zertrümmert. Ihr Gesicht ist nicht mehr zu erkennen. Als Tatwaffe kommt eindeutig ein großer Stein, der in der Nähe des Leichnams liegt, in Frage, an dem Blutanhaftungen auszumachen sind. Bei näherem Hinsehen entdeckt Metzger auf dem Oberkörper der Toten zudem einen ledernen Brustbeutel, der ihr offenbar gewaltsam abgerissen wurde. Handelt es sich bei der auf den Fotografien abgebildeten Frau am Strand tatsächlich um die Rechtsanwältin Andrea K.?

Kommissar Metzger will mehr über das Leben der 59-Jährigen erfahren und beginnt, in ihrem persönlichen Umfeld zu ermitteln. Andrea K. ist Mitinhaberin einer Rechtsanwaltskanzlei in einem Industriehof in Karlsruhe. Sie ist geschieden. Ihr Ex-Ehemann lebt nicht mehr in der Stadt, hat aber die Vollmacht über ihre Bankkonten. Und als dieser einen Blick auf die Bankauszüge wirft, macht er eine beunruhigende Entdeckung. Er stellt fest, dass sämtliche Konten der Rechtsanwältin bis auf den letzten Cent leer geräumt wurden. Als Metzger wenig später von den Plünderungen erfährt, lässt er sich die Bankauszüge zeigen. Diese weisen hundertsechsundfünfzig Geldabhebungen auf, die an unterschiedlichen Geldautomaten in Peru stattfanden – immer in anderen Städten, quer durch das ganze Land. Mehrere tausend Euro wurden auf diese Weise von einer unbekannten Person im Zeitraum von Dezember des Jahres 2008 bis zum März des Folgejahres abgehoben.

Sollte Andrea K. tatsächlich am Ufer des Titicacasees umgebracht worden sein, vermutet Metzger, dass sie Opfer eines Raubmordes wurde. Dafür sprechen der auf den Fotografien gut erkennbare zerrissene Brustbeutel, der mit hoher Wahrscheinlichkeit die Bankkarten der Rechtsanwältin enthielt, sowie die anschließend von einer unbekannten Person durchgeführten Geldabhebungen.

Von den Angehörigen des Opfers erfährt Metzger zudem, dass Andrea schon seit einiger Zeit in einem Liebesverhältnis zu einem Mann in Bolivien gestanden haben soll. Davon hätten Freunde und Bekannte aus Südamerika berichtet. Bei dem Mann handele es sich um einen gewissen Alvaro*, den die Rechtsanwältin auf seiner Heimatinsel Amataní kennenlernte. Die Insel liegt mitten im Titicacasee und hat rund dreitausendfünfhundert Einwohner, die für ihr Textilhandwerk bekannt sind. Auch Alvaro soll seine Familie mit einfachen Schneiderarbeiten, die er für ein paar Sol am Straßenrand verkaufte, über die

Runden gebracht haben. Allerdings - das ergeben die weiteren Nachforschungen - soll der Schneider nach dem Verschwinden der Rechtsanwältin plötzlich zu viel Geld gekommen sein. Anschließend sei er mit seiner Familie in Peru untergetaucht. Andrea K.s Freunden aus Südamerika gelingt es dennoch, einen Kontakt per E-Mail zu Alvaro aufzubauen. Darin bestreitet dieser jedoch, Andrea K. in den Tagen vor ihrem Tod noch gesehen zu haben.

Kommissar Metzger und die Mitarbeiter der deutschen Botschaft in Bolivien suchen indes weiter fieberhaft nach dem Verbleib der noch nicht identifizierten Frauenleiche. Die Ermittler gehen inzwischen allerdings zweifelsfrei davon aus, dass es sich um Andrea K. handelt. Doch nur, wenn eindeutig bewiesen ist, dass die Rechtsanwältin tatsächlich Opfer eines Verbrechens wurde, können die Ermittlungen vorangetrieben werden. Die Fotografien, die am Ufer des Sees gemacht worden waren, sind für eine Identifizierung jedoch unbrauchbar. Das Gesicht der Frau ist durch die Wucht des Steines, mit dem auf sie eingeschlagen wurde, völlig entstellt.

Metzger aber will vorbereitet sein, falls die Leiche doch noch gefunden werden sollte. Und so nimmt der Kommissar Kontakt zu dem Karlsruher Zahnarzt von Andrea K. auf. Der erfahrene Mordermittler weiß, dass Zähne und ihre Füllungen derart einzigartig sind, dass man sie einem menschlichen Fingerabdruck gleichsetzen kann. In der Hoffnung, die Leiche mit Hilfe der Zähne später eindeutig identifizieren zu können, bittet er den Zahnarzt, ihm das Zahnschema von Andrea K. zu überlassen.

Es vergehen viele Wochen des Wartens, in denen die Hoffnung des Kommissars, den Fall bald klären zu können, zunehmender Ernüchterung weicht. Zum großen Erstaunen der Ermittler meldet sich plötzlich

Panoramaaufnahme des Titicacasees

Das Haus von Andrea K. auf der bolivianische Seite des Titicacasees

Die Leiche der Rechtsanwältin wi am Ufer des Sees entdeckt

Mit Stein Nummer 10 wurde der 59-Jährigen der Schädel zertrümmert

n Polizist verpackt
die Tatwaffe

Der Stein wird ins
Büro der Ermittler
gebracht

m zu dokumentieren,
ss es sich tatsäch-
lich um den Tatort
handelt …

… stellt Kommissar
Metzger die Auf-
findesituation der
Leiche nach

jedoch der Konsul der deutschen Botschaft in Bolivien mit überraschenden Neuigkeiten. Nach intensiver Recherche habe er herausgefunden, dass die Leiche vom Titicacasee vermutlich in einem Massengrab in der Stadt El Alto, rund fünfzig Kilometer vom See entfernt, liege. Der Konsul klärt Metzger darüber auf, dass El Alto von Armut geprägt sei. Mitten im Ort sei ein Krankenhaus zu finden, zu dem ebenjenes Massengrab gehöre. Hier würden Menschen bestattet, deren Angehörige die Beerdigung nicht bezahlen könnten. Auch unbekannte Tote fänden hier ihre letzte Ruhe.

Seit Beginn der Ermittlungen sind bereits Monate vergangen. Für den Konsul ist es eine zunächst schier unlösbare Aufgabe, zwischen all den anderen Toten den Leichnam der Frau vom Titicacasee ausfindig zu machen. Rund zwanzig Tote liegen in dem Massengrab von El Alto – alle eingehüllt in Plastiksäcke. Die Einsatzkräfte vor Ort beginnen damit, jeden einzelnen dieser Säcke aufzuschneiden und die Leichen darin mit den Fotografien des Opfers am Ufer des Sees abzugleichen. Und tatsächlich gelingt es ihnen wenig später, in einem der Plastiksäcke die gesuchte Frau zu entdecken. Der tote Körper wird aus dem Grab geborgen und einem örtlichen Bestatter übergeben. Hier soll ein Zahnarzt mit Hilfe des von Kommissar Metzger übersendeten Zahnschemas von Andrea K. überprüfen, ob es sich bei der Toten um die gesuchte Rechtsanwältin aus Deutschland handelt.

Ungeduldig erwartet das Team um Wolfgang Metzger in Karlsruhe das Ergebnis der Untersuchungen des bolivianischen Zahnarztes. Die Nachricht aus Südamerika lässt nicht lange auf sich warten und gleicht einem Paukenschlag. Der Vergleich des Zahnschemas mit den Zähnen der Toten bringt sowohl für die Ermittler als auch für die Angehörigen traurige Gewissheit: Bei der auf den Fotografien abgebildeten Frauenleiche vom Titicacasee handelt es sich eindeutig um die 59-Jährige Andrea K.

Aufgrund der neuen Erkenntnisse werden die bolivianischen Behörden aufgefordert, die Ermittlungen zum Fall Andrea K. wiederaufzunehmen und die Umstände ihres Todes schnellstmöglich zu klären. Doch dort will man der Bitte nicht nachkommen. Metzger erfährt, dass die bolivianische Polizei in diesen Fällen nur ermittelt, wenn eine Strafanzeige vonseiten der Familienangehörigen des Opfers vorliegt. Mit Hilfe des geschiedenen Ehemanns von Andrea K. kann über die deutsche Botschaft offiziell Anzeige erstattet werden. Doch der behördliche Vorgang kostet erneut wertvolle Zeit. Monate, in denen der Täter untertauchen und seine Spuren verwischen kann.

Metzger und die Staatsanwaltschaft in Karlsruhe wollen den Unbekannten jedoch nicht entkommen lassen. Sollte es auch nur eine winzige Chance geben, den Täter zur Strecke zu bringen, so gilt es für die Ermittler, diese zu nutzen. Und so beschließen Metzger und der für den Fall zuständige Staatsanwalt, nach Bolivien zu reisen und ihre Ermittlungen vor Ort fortzusetzen. Nachdem zahlreiche diplomatische und rechtliche Hürden überwunden wurden, genehmigt das Justizministerium schließlich die Dienstreise nach Südamerika, um den Mörder von Andrea K. ausfindig zu machen.

Nach der Landung in Lima führt sie ihre Reise zunächst nach La Paz, in die mit rund viertausend Metern höchstgelegene Metropole der Welt. In der zweitgrößten Stadt Boliviens leben rund eine Million Menschen. Hier treffen die Ermittler auf den Verbindungsbeamten des Bundeskriminalamts, der sie in die deutsche Botschaft in La Paz begleitet. In den Kellerräumen der Einrichtung lagern die persönlichen Gegenstände von Andrea K., die in ihrem Ferienhaus sichergestellt worden waren. Zwischen den zahlreichen Kisten befinden sich auch die Nähmaschine ihres Freundes Alvaro sowie ein paar Lederschuhe, von denen die Ermittler annehmen, dass sie ebenfalls dem Peruaner gehören. Zudem entdeckt Metzger den zerrissenen Brustbeutel, der auch auf den Fotografien vom Ufer des Titicacasees zu erkennen ist. Doch vor Ort sind die Möglichkeiten begrenzt, eine verwertbare Mikrospurenanalyse an den Gegenständen vorzunehmen. Und so nimmt der Kommissar Kontakt zu seinen Kollegen des Kriminaltechnischen Instituts im Landeskriminalamt Baden-Württemberg auf. Gemeinsam überlegen sie, welche Gegenstände in Deutschland auf mögliche Spuren untersucht werden sollen. <u>Metzger erstellt eine detaillierte Liste und lässt die verpackten Asservate per Post in die Heimat schicken.</u>

Gemeinsam mit dem Staatsanwalt aus Karlsruhe reist Metzger nur einen Tag später per Fähre nach Copacabana. Die kleine Stadt am Ufer des Titicacasees gilt als einer der bedeutendsten Wallfahrtsorte Boliviens.

Zunächst suchen die Ermittler die unmittelbar am Strand gelegene Feriensiedlung »Sol y Luna« auf, in der Andrea K. während ihrer Auslandsaufenthalte immer wieder ein Haus gemietet hatte. Metzger will mehr über das Verhältnis der Rechtsanwältin zu ihrem Freund Alvaro erfahren. Dabei gilt es herauszufinden, ob er in den Tagen vor dem Mord tatsächlich keinen Kontakt zu Andrea K. hatte, wie er in seiner E-Mail an Andreas Freunde mehrfach beteuerte. Die Befragung der unmittelbaren Nachbarn von Andrea K. ergibt allerdings, dass der Peruaner gelogen hat. Noch am Abend vor der Tat soll er sich im Haus der 59-Jährigen aufgehalten haben. Kein Wunder also, dass der inzwischen untergetauchte Alvaro als Tatverdächtiger zunehmend in den Fokus der Ermittler rückt.

Metzger und der Staatsanwalt verlassen die Feriensiedlung und kehren zurück in ihr Hotel, um sich auf den nächsten Tag vorzubereiten. Ziel der beiden ist es, den Tatort ausfindig zu machen, an dem die entstellte Leiche von Andrea K. gefunden worden war. Aus Sicht der Ermittler ist dies unerlässlich, um das Verbrechen richtig interpretieren und bewerten zu können.

Mehr als zwei Jahre nach dem Mord an Andrea K. stehen Metzger und der Staatsanwalt am nächsten Morgen am Ufer des gigantischen, nahezu grenzenlos erscheinenden Titicacasees. Anhand der Fotografien, die am Fundort der Leiche gemacht wurden, versuchen sie, sich zu orientieren. Doch die steinigen Strände entlang des Ufers sehen beinahe an jeder Stelle gleich aus.

Mit den Bildern in den Händen machen sich die Ermittler zu Fuß auf den Weg. Stunde um Stunde laufen sie in praller Sonne das Ufer des Sees entlang. Aufgrund der Höhenluft fällt ihnen das Atmen zunehmend schwer. Immer wieder bleiben sie stehen und vergleichen die Motive der Fotografien mit der Umgebung. Ein scheinbar hoffnungsloses Unterfangen. Doch Metzger und der Staatsanwalt wollen nicht aufgeben. Gerade als die anfängliche Euphorie der beiden Männer in Verzweiflung umzuschlagen droht, stehen die Ermittler plötzlich an einer Stelle, die der auf den Fotografien abgebildeten Landschaft bis ins Detail ähnelt.

Ungläubiges Erstaunen und ein gewisses Maß an Erleichterung stehen ihnen buchstäblich ins Gesicht geschrieben. Sie haben jenen Ort gefunden, an dem Andrea K. Jahre zuvor Opfer eines Gewaltverbrechens wurde. Nichts scheint seitdem verändert worden zu sein. Sogar der große Stein, mit dem Andrea K. erschlagen wurde, liegt noch an derselben Stelle wie damals. Zwar sind die Blutanhaftungen im Laufe der

Im Keller der
Botschaft lagern die
persönlichen Gegen-
stände des Opfers

3.4. schwarze Halbschuhe "Sucat"
Zapatos Negros marca "Sucat"

3.5 braune Halbstiefel "Caterpillar"
Botines Cafés marca "Caterpillar"

6. schwarze Halbstiefel "Romika"
Botines Negros marca "Romika"

Alvaros Schuhe
werden verpackt
und zur Untersuchung
in ein deutsches
Labor geschickt

Die Nähmaschine,
mit der Alvaro sein
Geld verdiente

Weitere Gegenstände
aus dem Besitz des
Opfers

Jahre längst weggewaschen worden, jedoch kann anhand des erstellten Bildmaterials der Stein eindeutig identifiziert werden. Nach all den Jahren der von Widrigkeiten und Skepsis geprägten Ermittlungsarbeit ist es dem Team endlich gelungen, der Klärung des Falls einen entscheidenden Schritt näher zu kommen. Aufgrund der von den Ermittlern bisher gesammelten Hinweise und Indizien gelangen Metzger und der Staatsanwalt zunehmend zu der Überzeugung, dass der Peruaner Alvaro, mit dem Andrea K. ein Verhältnis hatte, in dringendem Tatverdacht steht, die Rechtsanwältin an ebendieser Stelle ermordet zu haben. Um zweifelsfrei zu dokumentieren, dass es sich tatsächlich um den Tatort handelt, legt Metzger sich in dieselbe Position, in der vor Jahren auch das Opfer aufgefunden worden war, und lässt sich fotografieren.

Die nächste Station ihrer Reise führt die Ermittler schließlich wieder zurück auf die peruanische Seite des Titicacasees, nach Puno. Hier befindet sich die für die Insel Amantaní zuständige Staatsanwaltschaft. Bis zu seinem Verschwinden lebte der Schneider Alvaro auf Amantaní, wo er auch Andrea K. kennenlernte.

In Puno sind die Ermittler mit der ortsansässigen Staatsanwältin verabredet, um sie von dem dringenden Tatverdacht gegen Alvaro zu überzeugen. Dabei sollen die bisher zusammengetragenen Indizien helfen. Die Staatsanwältin willigt schließlich ein, gegen ihn zu ermitteln. Und tatsächlich ergeht wenig später in seinem Heimatland ein Haftbefehl gegen Alvaro. Doch Metzger weiß, dass die Beweislage gegen den mutmaßlichen Täter alles andere als wasserdicht ist. Bisher haben sie nur Indizien. Beweisen lässt sich der Verdacht der Ermittler bisher nicht.

Neue Hoffnung schöpft Metzger allerdings, als die Untersuchungsergebnisse der sichergestellten Gegenstände aus dem Ferienhaus von

Andrea K. vorliegen. Die Experten des Landeskriminalamts Baden-Württemberg können am zerrissenen Brustbeutel und an den ledernen Stiefeln Blutanhaftungen feststellen, die eindeutig Andrea K. zuzuordnen
sind. Zudem entdecken sie an den untersuchten Gegenständen Spuren
einer unbekannten männlichen Person. Ob diese Spuren tatsächlich
von Alvaro stammen, lässt sich nur durch einen Abgleich mit seiner
DNA sicher feststellen. Doch diese fehlt dem Kommissar, denn Alvaro
bleibt weiterhin verschwunden.

Nach zehn Tagen ist die Dienstreise für Kommissar Metzger und
den ihn begleitenden Staatsanwalt beendet. Mit gemischten Gefühlen
kehren sie in die Heimat zurück. Zwar ist es ihnen nicht gelungen,
den mutmaßlichen Täter zu fassen, jedoch sind sie der Klärung des
Falls trotz aller Widrigkeiten einen entscheidenden Schritt näher
gekommen.

Und dann erreicht die Ermittler plötzlich eine überraschende
Nachricht aus Peru. Die in dem Fall ermittelnden Behörden teilen
Metzger mit, dass Alvaro festgenommen wurde und in Untersuchungshaft sitzt. Es gelingt den Beamten sogar, den Mann zur Abgabe einer
Speichelprobe zu bewegen. Wenig später wird Alvaro allerdings wieder
auf freien Fuß gesetzt. Welche Beweggründe die ermittelnden Beamten
in Südamerika dazu veranlasst haben, den mutmaßlichen Mörder von
Andrea K. vorzeitig aus der Untersuchungshaft zu entlassen, kann
nicht mehr geklärt werden. Dennoch hält Metzger endlich den Ana-
lysebericht der ersehnten DNA-Probe in Händen.

Ein Abgleich der von den Experten des Landeskriminalamts untersuchten Gegenstände mit der DNA Alvaros ergibt einen eindeutigen
Treffer. Die entdeckten Spuren auf dem zerrissenen Brustbeutel und
den Stiefeln sind mit hoher Wahrscheinlichkeit dem peruanischen

Schneider zuzuordnen. Die Blutanhaftungen an der Außenseite der Stiefel stammen von Andrea K. Die Ermittler vermuten, dass Alvaro die Schuhe getragen hat, als er sein Opfer erschlug.

Metzger geht davon aus, dass Andrea K. am Tag ihrer Ermordung gemeinsam mit ihrem Geliebten an das Ufer des Sees gelaufen sein muss. Über einen kleinen Trampelpfad, der gern von Spaziergängern benutzt wird, gelangen sie zu derjenigen Stelle des Strandes, an der später die Leiche entdeckt werden wird. In einem unbeobachteten Moment greift Alvaro sich einen großen Stein und zertrümmert seinem arglosen Opfer den Schädel.

Anschließend entwendet er aus dem Brustbeutel, den Andrea K. um den Hals trägt, ihre Bankkarten. Und weil er weiß, dass die Behörden von Bolivien und Peru nicht bedingungslos zusammenarbeiten, wähnt Alvaro sich in Sicherheit und flüchtet auf die peruanische Seite des Titicacasees. Hier hebt er an verschiedenen Geldautomaten des Landes mehrere Geldbeträge ab, bis die Konten der Rechtsanwältin leer sind.

Der Haftbefehl gegen Alvaro wird aufrechterhalten. Doch bis heute bleibt der Peruaner spurlos verschwunden. Für Kommissar Metzger sind die Ermittlungen im Fall der ermordeten Andrea K. dennoch ein Erfolg. Nicht zuletzt, da die Angehörigen endlich Gewissheit darüber haben, was mit ihr in Südamerika geschehen ist. Der Leichnam von Andrea K. wird nach Deutschland überführt. In ihrer Geburtsstadt Heidelberg findet sie endlich ihre letzte Ruhe.

Die persönlichen
Gegenstände von
Andrea K. werden nach
Deutschland geschickt

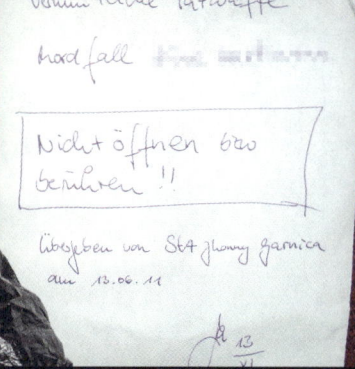

Der Stein wird
für den Abtransport
verpackt

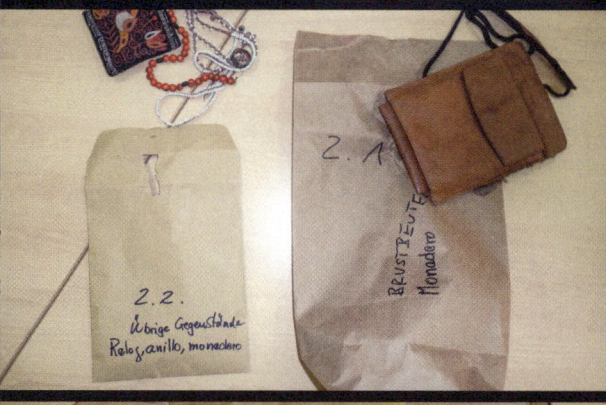

Der Brustbeutel
des Opfers, aus dem
die Bankkarten ent-
wendet wurden

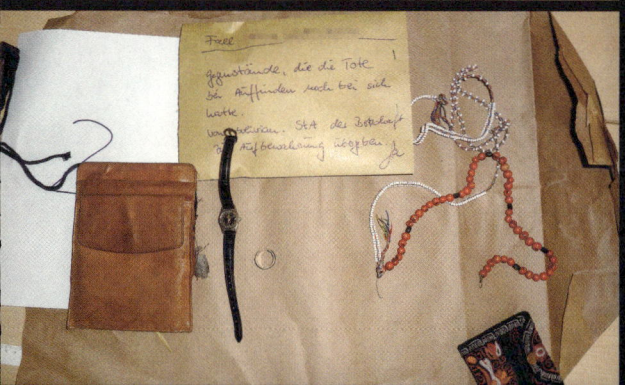

Gegenstände, die das
Opfer während der Tat
bei sich trug

DER BANKRAUB VON MEYENBURG

Knut B., Meyenburg, Brandenburg

Es ist der 17. Januar 1991. An diesem Tag geschieht ein Verbrechen, das die Kriminalpolizei viele Jahre später noch vor große Herausforderungen stellen und als erster Raubmord der neuen Bundesländer in die Geschichte eingehen wird.

An diesem Januarnachmittag 1991 erreichen Jürgen R.* und Wolfgang M.* mit einem gestohlenen VW Golf die brandenburgische Kleinstadt Meyenburg, etwa hundertfünfzig Kilometer nordwestlich von Berlin. Ihr Ziel ist die örtliche Kreissparkasse am Wilhelmsplatz, die sie überfallen und ausrauben wollen.

Maskiert und mit Pistolen bewaffnet, stürmen die Männer in die Bankfiliale. Einer der beiden Räuber springt über den damals noch völlig ungesicherten Tresen in den hinteren Teil der Bank. Hierbei zersplittert eine Glasscheibe, die den Kundenbereich von den Tresorräumen abtrennt. Mit vorgehaltener Waffe zwingt der Mann die verängstigten Bankangestellten, den Tresor zu öffnen. Sein Komplize hält in der Zwischenzeit mehrere Kunden in Schach, die sich zu diesem Zeitpunkt ebenfalls in der Bankfiliale aufhalten. Das Gesicht nach unten gerichtet, liegen sie vor dem Schalter auf dem blanken Fußboden.

Während sich in den Räumen der Sparkasse diese dramatischen Szenen ereignen, sind auf dem Platz vor dem Bankgebäude gerade zwei Bauarbeiter damit beschäftigt, ein Straßenschild aufzustellen. Aufgeschreckt durch den Tumult und das Geschrei, das durch die Fenster nach außen dringt, laufen Willy L.* und Knut B.* mit einem Vorschlaghammer und einem Kuhfuß bewaffnet ins Innere des Gebäudes. Im Kundenraum kommt es zu einem Gerangel mit den Bankräubern, in dessen Verlauf Willy L. brutal niedergeschlagen wird. Verletzt bleibt er am Boden liegen.

Durch das beherzte Eingreifen der beiden Männer offenbar gestört, beschließen Jürgen R. und Wolfgang M. schließlich zu fliehen. Mit

dem Kuhfuß in der Hand versperrt ihnen der zweite Bauarbeiter,
Knut B., jedoch den Weg. Abermals kommt es zu einem Gerangel. Die
Räuber drücken den Mann zur Seite und stürmen nach draußen.
Knut B. verfolgt die beiden. Auf einer schmalen Treppe, die zur
Eingangstür der Bank führt, gelingt es ihm, einem der Räuber die
Maske vom Kopf zu ziehen. Er schlägt ihm mit seinem Kuhfuß auf den
Rücken. Der Bankräuber taumelt, fängt sich jedoch schnell wieder.
Er dreht sich um, zielt und schießt mit seiner Pistole in Richtung
Knut B.s. Auch der Komplize setzt seine Waffe ein. Mehrere Schüsse
fallen. Zwei Kugeln treffen den 47-jährigen B., der angeschossen auf
den Treppenstufen zusammensackt. Mit dem zuvor in unmittelbarer Nähe
der Bank abgestellten Fluchtwagen entkommen die Räuber schließlich
mit einer Beute von rund elftausend D-Mark.

Als sich die Mitarbeiter und Kunden der Bank in Sicherheit wäh-
nen, ziehen sie den angeschossenen Bauarbeiter in den Vorraum der
Filiale. Doch für Knut B. kommt jede Hilfe zu spät. Er stirbt wenig
später an seinen Schussverletzungen.

Die Polizei sperrt den Tatort weiträumig ab. Spuren werden gesichert. Im Mauerwerk des Bankgebäudes sowie im Rahmen der Eingangstür,
die zum Vorraum der Filiale führt, sind deutliche Einschusslöcher
zu erkennen. Die Strumpfmaske, die einem der Täter vom Kopf gerissen
wurde, liegt auf dem Asphalt. Sie wird von den Beamten verpackt und
für eine spätere Untersuchung asserviert. Zudem werden Zeugen befragt, die den Überfall aus sicherer Entfernung beobachten konnten.
Sie geben der Polizei wichtige Hinweise zum Aussehen eines der Täter,
sodass später ein Phantombild angefertigt werden kann.

Nur zwei Tage nach dem brutalen Überfall auf die Sparkassenfi-
liale in Meyenburg entdeckt ein Spaziergänger auf einem abgelegenen

Waldweg in der Nähe der Autobahn A24 einen weißen VW Golf. Anhand der Zeugenaussagen kann der Wagen als das Fluchtfahrzeug der beiden Bankräuber identifiziert werden. Die Polizei geht davon aus, dass die Unbekannten an dieser Stelle das Fahrzeug gewechselt haben, um über die nahe gelegene Autobahn zu entkommen. Im abgestellten Wagen werden zahlreiche Gegenstände gefunden, die von den Räubern offensichtlich zurückgelassen wurden. Neben einer weiteren Strumpfmaske im Fußraum des Fahrersitzes entdecken die Beamten eine Brille sowie eine Blutspur am Schaltknauf des Wagens. Die Vermutung liegt nahe, dass sich einer der beiden Männer während des Sprungs über den Tresen an einer zersplitterten Glasscheibe verletzt hat. Obwohl diverse Beweismittel sichergestellt werden konnten, bleiben die Täter unauffindbar.

Es vergehen sechzehn Jahre, bis ein scheinbar zufälliges Ereignis den Bankraub von Meyenburg erneut in den Fokus der Ermittler rückt: In der Kantine eines landwirtschaftlichen Betriebes, ganz in der Nähe des damaligen Tatorts, brüstet sich ein Mitarbeiter während eines Gesprächs mit zwei Kollegen damit, an dem Überfall vor vielen Jahren beteiligt gewesen zu sein. Die Kollegen melden die Aussagen an die Polizei, und nur wenig später nimmt die Mordkommission die Ermittlungen wieder auf.

Der Mann wird vernommen. Doch schon bald stellt sich heraus, dass er nichts mit dem Überfall zu tun hat. Ein sogenannter Trittbrettfahrer, der sich in den Augen der Beamten offenbar wichtigmachen will. Und dennoch liegt der Raubüberfall aus dem Jahre 1991 nun wieder auf dem Tisch der Ermittler.

André Neumann von der zuständigen Mordkommission in Neuruppin rollt den Fall routinemäßig noch einmal auf. Auf der Suche nach neuen

Nach dem Raub werden
vor dem Bankgebäude
zahlreiche Spuren
dokumentiert

Einschussloch
im Türrahmen

Über diesen Tresen
springt einer der
Räuber in den
Mitarbeiterbereich

Beim Sprung über
den Tresen zerbricht
eine Scheibe

An der Bruchstelle
des Glases verletzt
sich einer der Täter

Im Mitarbeiter-
bereich verlangen
die Räuber das Geld
aus dem Tresor

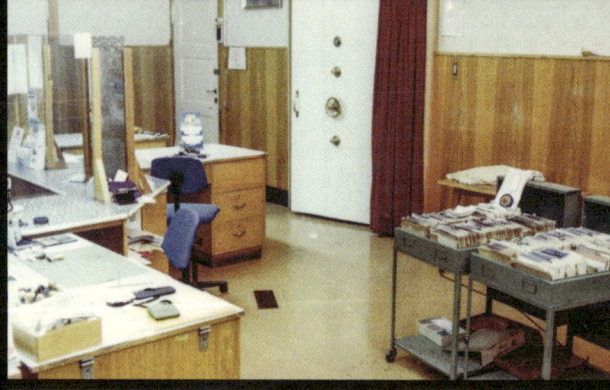

Im Vorraum der Bank
liegt der getötete
Bauarbeiter

Vor dem Bankgebäude
werden Patronenhülsen
gefunden

Ermittlungsansätzen nimmt er sich die damaligen Akten erneut vor, und tatsächlich wird er fündig: Die sichergestellten Strumpfmasken, die damals von den Räubern getragen wurden, sind selbst nach Jahren noch in der Asservatenkammer eingelagert. Neumann setzt auf die Untersuchungsmöglichkeiten solcher Beweismittel, die sich seit dem Jahre 1991 deutlich weiterentwickelt haben. Die große Hoffnung des Kommissars ruht dabei auf der DNA-Analytik. Vielleicht finden sich auf der Innenseite der Masken noch Haare oder Hautschuppen, die zu den Tätern führen könnten. ███████████████████████████████
██
████████.

In den Laboren des Landeskriminalamts werden die Kleidungsstücke auf mögliche Spuren untersucht. Und tatsächlich können die Experten unter dem Mikroskop Hautschuppen entdecken. Es gelingt ihnen, die DNA einer unbekannten männlichen Person zu entschlüsseln. Diese wird in der Datenbank des Bundeskriminalamts mit den genetischen Informationen Tausender Straftäter abgeglichen. Und nur wenig später gibt es tatsächlich einen Treffer. Die sichergestellte DNA in einer der Strumpfmasken gehört zu Jürgen R., einem polizeibekannten Verbrecher, der bereits wegen Raubes, einer Reihe schwerer Diebstähle und diverser Körperverletzungsdelikte im Gefängnis saß. Von seinem Komplizen aber fehlt weiterhin jede Spur.

Mordermittler Neumann macht sich auf die Suche nach Jürgen R. Er wertet alte Aktennotizen sowie zahlreiche Zeugenaussagen aus. Die Spur führt ihn schließlich nach Uelzen, eine niedersächsische Kleinstadt etwa hundertfünfzig Kilometer südwestlich von Meyenburg. Von hier aus plante Jürgen R. offensichtlich viele seiner Raubzüge. Zusammen mit seiner Ehefrau und zwei Kindern wohnt der inzwischen

44-Jährige in einem kleinen Einfamilienhaus und betreibt zudem in einer Einkaufspassage in der Innenstadt Uelzens eine Gaststätte. Jürgen R. führt ein geradezu kleinbürgerliches Leben. Nichts erinnert mehr an seine kriminelle Vergangenheit. Doch der bürgerliche Anstrich täuscht André Neumann nicht darüber hinweg, dass er es mit einem kaltblütigen Verbrecher zu tun hat, der möglicherweise immer noch bewaffnet und gefährlich ist.

Das Ermittlerteam um Kommissar Neumann plant, den mutmaßlichen Bankräuber vor seiner Gaststätte festzunehmen. Die Beamten können nicht ausschließen, dass es zu einem Schusswechsel kommt. Daher soll R. unter einem Vorwand vor die Tür gelockt werden, um die Gäste im Innern des Schankraums nicht zu gefährden.

Zusammen mit einem Kollegen betritt Neumann die Gaststätte. Nur spärliches Licht dringt durch die Fenster in das Innere des Raumes. Es riecht nach Zigaretten und Alkohol. Gegenüber dem Wirt Jürgen R. geben sich die beiden Ermittler als Gäste aus. Sie bestellen zwei Radler und bitten ihn, diese draußen vor der Tür zu servieren. Hier stehen Tische und Stühle. <u>Während Neumann und sein Kollege die Gaststätte wieder verlassen, postieren sich rund um das Areal der Einkaufspassage zahlreiche Beamte in Zivil und erwarten das Signal für den Zugriff.</u> Nur wenig später öffnet sich die Tür der Gaststätte, und Jürgen R. steuert mit einem Tablett in der Hand auf den Tisch zu, an dem Neumann und sein Kollege Platz genommen haben. Als der Wirt die Getränke serviert, gibt Kommissar Neumann den wartenden Beamten ein Zeichen. Zugriff!

Sechzehn Jahre nach dem tödlichen Überfall auf die Kreissparkasse in Meyenburg ist einer der mutmaßlichen Täter endlich gefasst. Neumann überreicht Jürgen R. den Haftbefehl. Der 44-Jährige ist sichtlich überrascht, leistet jedoch keinen Widerstand. Einen Reim auf das Spektakel vor seiner Gaststätte kann er sich zu diesem Zeitpunkt noch nicht machen. Erst als Neumann ihn bittet, einmal in sich zu gehen und rund sechzehn Jahre zurückzudenken, beginnt es in ihm zu arbeiten. Jürgen R. wird von seiner Vergangenheit eingeholt.

Vor dem Landgericht Neuruppin kommt es zur Anklage. Jürgen R. weist während des folgenden Prozesses jede Schuld von sich. Zwar habe er eine der besagten Strumpfmasken tatsächlich auf dem Kopf getragen – mit dem Bankraub selbst will er aber nichts zu tun haben. Kurz vor dem Überfall seien Bekannte bei ihm aufgetaucht. Er habe ihnen lediglich zeigen wollen, wie man eine Strumpfmaske überzieht. Die Verurteilung des Angeklagten steht plötzlich auf der Kippe. Jürgen R. wird zwischenzeitlich sogar aus der Untersuchungshaft entlassen. Siegessicher, nicht verurteilt zu werden, soll er am Abend vor der Urteilsverkündung noch in seiner Gaststätte gefeiert haben. Doch dann kommt alles anders.

Die Staatsanwaltschaft hält ein flammendes Schlussplädoyer, in dessen Verlauf sie sämtliche Zeugenaussagen und Indizien zusammen- fasst. Dazu gehört unter anderem das Projektil einer Pistole, das bei Jürgen R. während einer Wohnungsdurchsuchung gefunden worden war. Dieses passt zu der damals beim Banküberfall verwendeten Waffe.

Letzten Endes schenken die Richter zudem der Aussage Jürgen R.s keinen Glauben, in der er behauptet, die Strumpfmaske, an der seine DNA gefunden worden war, nur zu Testzwecken angezogen zu haben. Der schon wegen mehrerer Überfälle verurteilte R. ist für die Strafkammer eindeutig einer der Täter. Das Gericht ist davon überzeugt, dass die tödlichen Schüsse sowohl von ihm als auch von seinem Komplizen abgegeben wurden.

Die Kammer verurteilt Jürgen R. zu einer lebenslangen Haftstrafe.

Sein langjähriger Komplize Wolfgang M. kann für die brutale Tat jedoch nicht mehr zur Rechenschaft gezogen werden. Nach der Flucht aus einem Gefangenentransport – viele Jahre vor dem Prozess – hat er sich selbst erschossen. Seiner damaligen Lebensgefährtin soll er allerdings einmal gesagt haben, dass der Bankraub von Meyenburg wahrscheinlich einer zu viel gewesen sei.

Auf einem Waldweg
wird das Flucht-
fahrzeug entdeckt

Von hier aus sind
die Täter mit einem
anderen Wagen in
Richtung Autobahn
geflohen

Im Innern des
Fahrzeugs werden
zahlreiche Spuren
gesichert

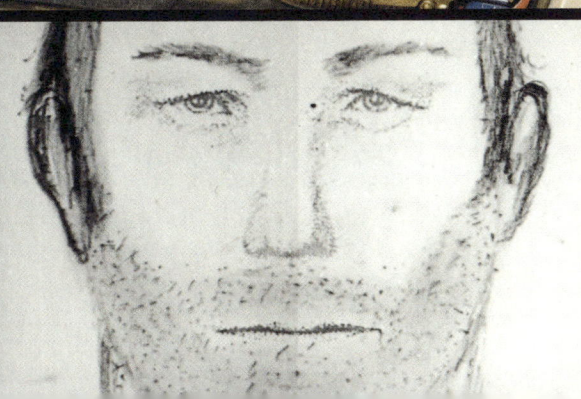

Mit Hilfe von Zeugen
wird das Phantombild
eines der Täter
erstellt

MORDFALL: TRIXI SCHEIBLE

Beatrix S., Frankfurt (Main), Hessen

Am 10. Dezember 1981 geht im 14. Frankfurter Polizeirevier ein mysteriöser Anruf ein. Eine männliche Stimme berichtet, dass im Nordwestzentrum, einem Einkaufszentrum im Norden der Stadt, eine verletzte Frau liege, die Hilfe brauche. Mehr sagt der Unbekannte nicht. Ohne seinen Namen zu nennen, legt er wieder auf. Die Polizeibeamten nehmen den Anruf ernst und schicken eine Streife in das Einkaufszentrum. Zwei Polizisten durchsuchen vor Ort die mit hellem Waschbeton verkleideten Gänge, doch sie entdecken nichts – von einer verletzten Frau, wie sie der unbekannte Anrufer beschrieben hat, fehlt zunächst jede Spur.

Am nächsten Tag ist ein Zeitungsausträger auf dem Weg zu seiner Arbeit. Es ist noch dunkel an diesem Dezembermorgen. Seine Tour führt ihn durch das Frankfurter Nordwestzentrum. Ein eisiger Wind weht durch die zugigen Gänge des noch menschenleeren Gebäudekomplexes. Nur die gelblichen Lichter der Laternen erhellen den Weg und werfen diffuse Schatten auf das Pflaster. Als der Zeitungsausträger in einem abgelegenen Gebäudeteil eine Treppe hinaufsteigt, entdeckt er vor sich auf dem Boden liegend die nackte Leiche einer jungen Frau. Mit gespreizten Beinen liegt sie auf dem grauen Asphalt. Das Mädchen wurde offensichtlich erstochen – mit einem Messer mitten ins Herz.

Die Polizei sperrt den Fundort weiträumig ab. Spuren werden gesichert, und schnell wird klar, um wen es sich bei der Toten handelt. Es ist Beatrix Scheible, eine 16-jährige Schülerin aus Frankfurt, die nur wenige Meter vom Einkaufszentrum entfernt zu Hause ist.

Die Ermittler der Mordkommission, zu denen auch der junge Beamte Siegfried Manoch gehört, beginnen noch an diesem Morgen mit ihrer Arbeit. Manoch rekonstruiert die letzten Stunden im Leben der Schülerin. Beatrix, die von ihren Freunden Trixi genannt wird, war am

Abend des 10. Dezember mit ihrer Clique unterwegs. Ihr Weg führt sie zunächst in eine Bar auf der Eschersheimer Landstraße. Gegen 21.00 Uhr, so erinnert sich Manoch, beschließen die Freunde weiterzuziehen. Ihr Ziel ist eine nahe gelegene Diskothek, die man von der Bar aus zu Fuß erreichen kann. Hier tanzen und amüsieren sich die Jugendlichen, bis sie gegen 23.00 Uhr erneut weiterziehen wollen. Sie entschließen sich, mit der U-Bahn der Linie U1 in Richtung Innenstadt zu fahren. Die Haltestelle »Zeilweg« ist nur wenige hundert Meter von der Diskothek entfernt. In der Bahn unterhalten sich die jungen Leute, machen Späße, lachen und überlegen gemeinsam, wo sie den Abend nun ausklingen lassen könnten. Die Strecke der Linie U1 führt vom Zeilweg aus auch durch das Frankfurter Nordwestzentrum.

Irgendwann muss Trixi auf die Uhr geschaut haben. Sie trifft eine für alle überraschende und folgenschwere Entscheidung. Mit ihren Eltern hat die Schülerin vereinbart, um Mitternacht zu Hause zu sein. Der Besuch in der nächsten Kneipe würde sicher länger dauern, deshalb beschließt die 16-Jährige, sich von der Gruppe zu trennen und den Heimweg anzutreten. Mittlerweile ist es 23.20 Uhr, als Trixi sich von ihren Freunden verabschiedet und an der Haltestelle Nordwestzentrum aussteigt. Niemand ahnt, dass dieser Abschied ein Abschied für immer sein soll.

Von der U-Bahn-Haltestelle sind es zu Fuß nur wenige Minuten bis zur Wohnung ihrer Eltern. Eine Strecke, die Trixi schon etliche Male gegangen ist. Die Ermittler um Kommissar Siegfried Manoch können bei der Rekonstruktion der letzten Minuten im Leben der 16-Jährigen nicht mehr zweifelsfrei feststellen, welchen Weg die Schülerin genommen hat. Sicher ist aber, Trixi hätte nur noch wenige hundert Meter durch das Einkaufszentrum hindurch über den Praunheimer Steg

gehen müssen – eine Fußgängerbrücke, über die man zu ihrem Elternhaus gelangt.

An einer Treppe, die zu einer Empore führt, trifft Trixi vermutlich
ihren Mörder. Ob sie bis dahin von ihm verfolgt wurde oder ob sie ihm
erst hier begegnet ist, kann rückwirkend nicht geklärt werden. Die
Ermittler gehen davon aus, dass der Unbekannte sie gezwungen hat, die
Treppenstufen hinaufzusteigen. Die Empore ist zu dieser Zeit men-
schenleer, das muss der Mörder gewusst haben. Hier ist er mit seinem
Opfer ungestört. Er tötet die Schülerin und vergewaltigt sie.

Bei einer Untersuchung in der Gerichtsmedizin werden am Körper
und an der Kleidung des Mädchens massive Spermaspuren entdeckt. Die
Pathologen gehen davon aus, dass diese mit hoher Wahrscheinlichkeit
vom Mörder stammen. Doch im Jahr 1981 gibt es noch keine DNA-Erken-
nung. Die Ermittler können anhand des Spermas lediglich die Blutgruppe des Täters herausfinden. Es handelt sich um die Blutgruppe
A positiv – eine Blutgruppe, die bei rund vierzig Prozent aller
Männer in Deutschland vorkommt.

Noch am selben Tag beginnt die Mordkommission 1 damit, Zeugen zu
befragen. Dazu gehören neben den Freunden der 16-jährigen Schülerin
auch ihre Eltern. Im Gespräch mit den Ermittlern finden sie keine
plausible Erklärung für das Verbrechen an ihrer Tochter. Weder gab
es Streitigkeiten, noch hat Trixi Feinde. Und dann, am Ende des
Gesprächs, fällt der Mutter doch noch etwas ein. Es geht um Trixis
älteren Bruder. Vierzehn Jahre vor dem Mord soll dieser eine Auseinandersetzung mit einem anderen Jungen gehabt haben. Damals war
Trixis Bruder acht Jahre alt. Er hatte in der Schule Probleme mit
einem älteren Jungen. Auf dem Schulweg soll es einmal sogar zu einer
handfesten Auseinandersetzung gekommen sein. Der Streit habe sich

B e r i c h t

Tötung zum Nachteil der 16 jährigen

Beatrix S c h e i b l e ,
geb. am 22. Mai 1965 in
F r a n k f u r t ,
wohnhaft gewesen i/in
6 Ffm., Im

Fr...

61 - Erk.-Dienst   Ffm., den 23

Auszug aus der
Ermittlungsakte
zum Tötungsdelikt

Trixis Heimweg
führt sie durch
das Frankfurter
Nordwestzentrum

Der Treppenaufgang
zum Tatort

Auffindesituation
Leiche am Morgen
11. Dezember 1981

Die zugigen Gänge
des Nordwestzentrums
sind weihnachtlich
dekoriert

Der Täter hat
das Opfer teilweise
entkleidet

Die Polizei sichert
die Spuren am Tatort

In den Ermittlungs-
akten werden die
Spuren akribisch
dokumentiert

in grüner fa...
linken, aufgefunden zwisch...
Wade.

3.2.2

Spur Nr. 2, Tafel 2, Lichtbild Nr.

Ein rechter ADIDAS Sportschuh in S...
aufgefunden im unteren Bereich de...

...kung: Kamm und S...

dann aber schnell wieder gelegt. Eine Aussage, so Mordermittler Siegfried Manoch rückblickend, die für die Ermittlungen zunächst keine Rolle zu spielen schien.

Dennoch wird die Aussage der Mutter notiert, und auch der Name des damaligen Schülers findet den Weg in die Akten. Es handelt sich um einen gewissen Jochen B.*. Im Rahmen der Ermittlungen will die Polizei nichts unversucht lassen, und so wird auch er befragt. Nur sieben Tage später sitzt der inzwischen 23-Jährige in den Räumen der Mordkommission. Doch Jochen B., der zum Tatzeitpunkt noch bei seiner Mutter wohnt, gibt an, den Abend mit ihr gemeinsam vor dem Fernseher verbracht zu haben. Als die Aussage von seiner Mutter bestätigt wird, gerät Jochen B. wieder aus dem Fokus der Ermittler.

Die Polizei steht vor einem Rätsel. Die Befragungen, die Spuren am Tatort, der mysteriöse Anruf aus der Telefonzelle – nichts bringt die Beamten weiter. Und so werden die Ermittlungen schrittweise »heruntergefahren«. Am Ende ist nur noch Manoch für den Fall zuständig. Das Schicksal der 16-jährigen Schülerin lässt den Ermittler nicht mehr los. Jedes Mal, wenn in Deutschland ein Mord geschieht, der jenem von Trixi Scheible ähnelt, holt Manoch die Akte aus dem Schrank und sucht nach Gemeinsamkeiten – allerdings ohne Erfolg.

Manoch will jedoch nichts unversucht lassen. Jahrelang kehrt er am 11. Dezember, dem Jahrestag von Trixis Ermordung, an den Tatort zurück. Der Kommissar weiß, dass es viele Täter an den Ort des Verbrechens zurückzieht, wenn sich die Tat jährt. Manoch wartet. Stunde um Stunde. Doch niemand kommt.

Es vergehen neunzehn Jahre, bis die Methoden der DNA-Analyse so weit vorangeschritten sind, dass Verbrechen mit ihrer Hilfe gelöst werden können. In Hessen ist das Landeskriminalamt in Wiesbaden für die DNA-Analyse der Polizei zuständig, und mit Dr. Harald Schneider steht hier ein Mann an der Spitze, der die Analysemethode und deren Weiterentwicklung von Beginn an vorantreibt. Schneider gilt als Experte auf dem Gebiet der DNA. Bis heute hat er mehr als fünfhundert Morde in ganz Deutschland aufklären können. Ein Biologe mit kriminalistischem Spürsinn, der gerufen wird, wenn Fälle unlösbar erscheinen. Denn er kann Spuren sichtbar machen, an die zuvor niemand gedacht hat.

Im Jahr 2000 erhalten alle hessischen Mordkommissionen Post des Landeskriminalamts in Wiesbaden. Es ist ein Brief von Dr. Harald Schneider, in dem die Ermittler gebeten werden, alle offenen, ungelösten Fälle, sogenannte Cold Cases, mit Blick auf die DNA-Analyse zu überprüfen. Kommissar Manoch zögert nicht und holt die Akte zum Mordfall Trixi Scheible aus seinem Schreibtisch hervor. Er will den Fall endlich lösen und setzt sich mit Schneider in Verbindung. Der DNA-Experte willigt ein, den Mord anhand der neuen Analysemethoden zu untersuchen.

Zunächst schickt Manoch sämtliches Bildmaterial vom damaligen Tatort an das Landeskriminalamt. Und es dauert nur wenige Tage, da klingelt im Büro des Mordermittlers das Telefon. Das Gespräch mit Harald Schneider weckt in Manoch neue Hoffnung, den Mord an Trixi endlich aufklären zu können. Schneider ist nach der Begutachtung des Bildmaterials davon überzeugt, auch nach so vielen Jahren noch DNA finden zu können. Doch ist die Kleidung, die Trixi damals getragen hat, überhaupt noch in den Räumen der Polizei oder der Staatsanwaltschaft zu finden? Manoch macht sich auf die Suche. Tatsächlich wird er in der Asservatenkammer der Frankfurter Staatsanwaltschaft fündig. Hier lagern sämtliche Kleidungsstücke in einem Karton. Zudem wurden zusätzlich einige Schamhaare des Opfers asserviert.

Harald Schneider nimmt die Kleidung im Landeskriminalamt unter die Lupe und findet an der Jeans zwei DNA-Spuren. Doch schnell wird klar: Die Spuren an Trixis Hose stammen von ihrem damaligen Freund. Eine sogenannte legale Spur, die nichts mit dem Verbrechen zu tun hat. Wieder wird Manoch enttäuscht.

Weitere fünf Jahre sind vergangen, als sich Harald Schneider erneut bei Manoch meldet. Abermals hat die technische Entwicklung einen entscheidenden Fortschritt gemacht. Für die Spezialisten ist es nun möglich, nach mikroskopisch kleinen Teilen, den sogenannten Mikrospuren, zu suchen. Dabei handelt es sich um Hautschuppen, Haarpartikel oder Anhaftungen von Körperflüssigkeiten, die möglicherweise vom Täter stammen könnten und aus denen nun eine DNA isoliert werden kann.

Ein weiteres Mal liegt die Kleidung auf dem Labortisch des Landeskriminalamts. Millimeter für Millimeter wird sie abgesucht. Auch die Schamhaare von Trixi werden analysiert. Unter dem Mikroskop erkennen die Spezialisten eine winzige Stelle, an der die Schamhaare miteinander verklebt sind. Schneider ist davon überzeugt, dass es sich um Spuren von Körperflüssigkeiten des Mörders handeln muss. Und tatsächlich gelingt es dem Experten, eine DNA zu isolieren - es ist die DNA einer unbekannten männlichen Person.

Das Team um Siegfried Manoch, der inzwischen zum Leiter der Frankfurter Mordkommission aufgestiegen ist, rollt den Fall um die Ermordung Trixi Scheibles wieder auf. Sämtliche Namen, die während der vergangenen Ermittlungen in irgendeiner Form eine Rolle gespielt haben, werden von den Kollegen überprüft. Darunter ist auch der Name Jochen B. zu finden. Ein ehemaliger Mitschüler von Trixis Bruder,

der kurz nach der Tat eher zufällig in die Ermittlungsakten geraten war. Nach dem Mord an der 16-Jährigen wurde Jochen B. von der Polizei befragt. Doch für die Mordnacht hatte der damals 23-Jährige ein Alibi. Er und viele weitere Personen werden nun aufgefordert, eine Vergleichsprobe abzugeben. Diese wird von Harald Schneider im Labor analysiert. Und dann: ein Treffer. Die fremde DNA-Spur, die anhand der Rückstände an Trixis Schamhaaren generiert wurde, passt zu der Vergleichsprobe von Jochen B.

Fast fünfundzwanzig Jahre nach der Tat – am 14. Juni 2006 – wird Jochen B. in seiner Wohnung festgenommen und ins Präsidium gebracht. In der Vernehmung gibt er zu, in der Mordnacht im Nordwestzentrum unterwegs gewesen zu sein. Unterwegs mit dem Vorsatz, eine Frau vergewaltigen zu wollen. Mit einem Messer in der Hand zieht er durch das spärlich beleuchtete Einkaufszentrum. An einer Treppe begegnet ihm die 16-jährige Schülerin Trixi Scheible. In diesem Moment, so schildert es Jochen B. im Verhör, sei ihm klar gewesen, dass er das Mädchen vergewaltigen müsse. Er habe Trixi unter Vorhalt des Messers die Treppe hinaufgezwungen. Den Mord bestreitet er jedoch. Vielmehr sei die junge Frau die Treppe rückwärts hinaufgegangen. Dabei sei sie gestolpert und in sein Messer gefallen. Danach habe er das blutende Mädchen die Treppe hochgetragen, entkleidet und sich schließlich an ihr vergangen.

Gemeinsam mit Jochen B. rekonstruieren die Ermittler um Kommissar Manoch das im Verhör geschilderte Szenario. Gutachter werden eingeschaltet. Am Ende sind sich die Beamten sicher: Es kann kein Unfall gewesen sein. Vielmehr habe Jochen B. die 16-jährige Schülerin mit dem Messer bedroht und sie gezwungen, die Treppe hinaufzusteigen.

Auf der Suche nach
einem Opfer streift
Jochen B. durch die
Gänge des Einkaufs-
zentrums

Mit einem Messer
in der Hand zwingt
der Täter Trixi
diese Treppe hinauf

Nach der Mordtat
setzt er aus dieser
Telefonzelle einen
Notruf ab

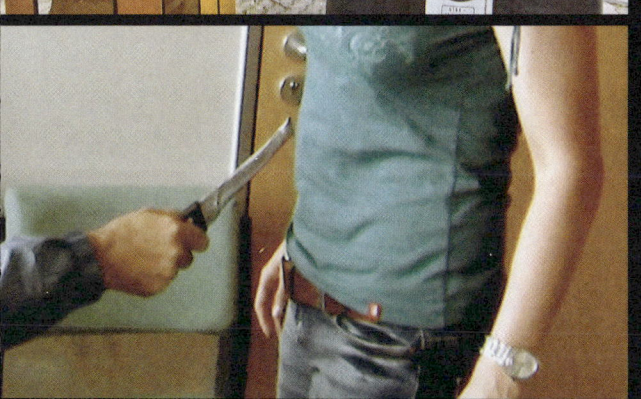

Im Präsidium stellt
Jochen B. seine
Version des Tatab-
laufs nach

An der Empore angekommen, muss das Mädchen um Hilfe geschrien haben. Das belegen Zeugenaussagen einer Familie, die auf dem Nachhauseweg Schreie gehört haben will. Schreie, die plötzlich abreißen.

Auch dafür finden die Ermittler eine Erklärung: Um weitere Schreie von Trixi zu verhindern, hält Jochen B. der Schülerin mit der einen Hand den Mund zu, mit der anderen Hand sticht er das Messer in ihr Herz. Der Stich führt zur sofortigen Bewusstlosigkeit und zum Sekundentod. Danach vergewaltigt Jochen B. das am Boden liegende Mädchen und flüchtet. Auf dem Weg nach Hause kommt er an einer Telefonzelle vorbei. Er wählt die Nummer des Notrufs und berichtet den Beamten von einem verletzten Mädchen, das im Nordwestzentrum liege. Doch da ist Trixi schon lange tot.

Jochen B. hat in seinen Vernehmungen acht weitere Vergewaltigungen zugegeben. Offentsichtlich handelt es sich um einen brandgefährlichen Mann. Eine Prügelei auf dem Schulweg, vierzehn Jahre vor der Tat, bringt ihn schließlich zu Fall. Hätten die damaligen Beamten die eher beiläufige Aussage der Mutter nicht protokolliert, wäre der Mörder von Trixi Scheible nie gefasst worden – da ist sich Kommissar Manoch sicher. Jochen B. wird von den Richtern des Landgerichts Frankfurt zu einer lebenslangen Haftstrafe verurteilt.

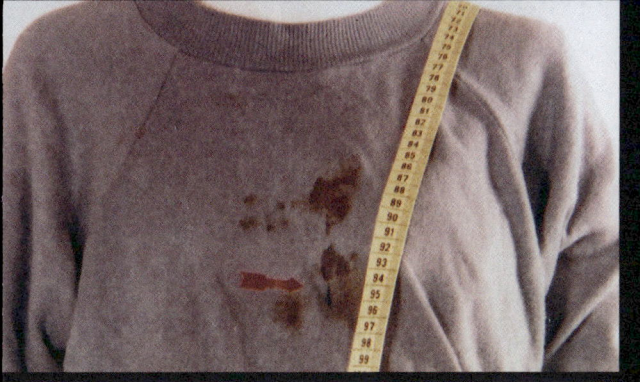

Mit einem Messer sticht der Täter seinem Opfer mitten ins Herz. Die Einstichstelle ist am Pullover deutlich zu erkennen.

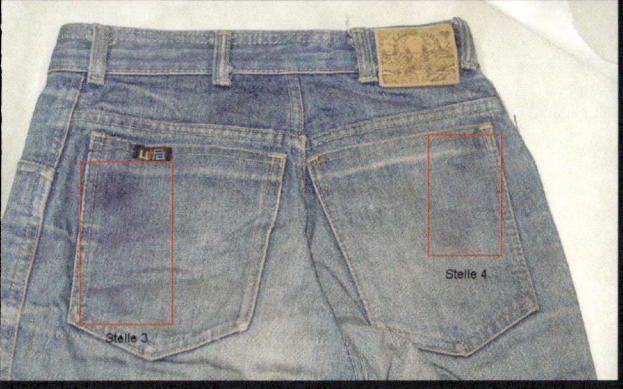

Stelle 4

Stelle 3

An der Hose der Schülerin werden Spermaspuren entdeckt

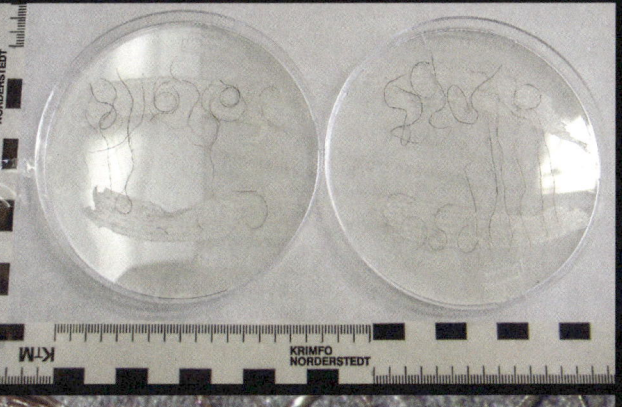

Die Schamhaare lagerten über viele Jahre in der Asservatenkammer

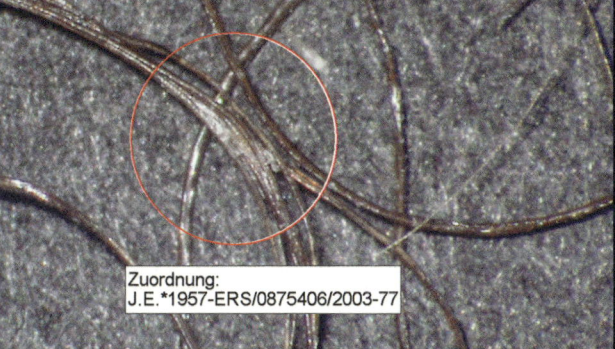

Zuordnung:
J.E.*1957-ERS/0875406/2003-77

Unter dem Mikroskop wird die DNA des Täters entdeckt

DAS GOLDENE ARMBAND

Klaus G., Bous, Saarland

Bous, eine kleine Gemeinde im Landkreis Saarlouis nahe der französischen Grenze. Am Morgen des 11. Dezember 2012 wird der 76-jährige Rentner Klaus G.* in seinem Haus brutal ermordet. Das Rätsel um die Umstände seines Todes wird die Mordkommission Saarbrücken über zwei Jahre lang in Atem halten.

Alles beginnt an einem Dienstag kurz vor Weihnachten. Gemeinsam mit seiner Ehefrau bewohnt Klaus G. ein apartes Einfamilienhaus mit kleinem Garten in einer ruhigen Straße mitten im Ort. An diesem winterlichen Morgen ist G.s Ehefrau schon sehr früh auf den Beinen. Draußen ist es noch dunkel, die Sonne wird erst Stunden später aufgehen.

Frau G. erwartet ihre Tochter, die sie gegen 7.00 Uhr mit ihrem Wagen abholen möchte. Zweimal in der Woche passt die Oma auf ihre Enkelin auf, und heute ist es wieder so weit. Während ihr Ehemann noch schläft, belegt Frau G. eilig ein paar Brote und deckt den Frühstückstisch. Als sie das Motorengeräusch des Wagens ihrer Tochter hört, verlässt die Seniorin das Haus. Frau G. zieht die Tür hinter sich zu. Auf dem Weg zum Wagen läuft sie über den mit grauen Steinen gepflasterten Innenhof des Grundstücks und gelangt schließlich zu einem weißen Holzzaun, der zur Straße führt. Draußen fallen ihr aus dem Augenwinkel zwei Männer auf, die sich in der Dunkelheit in der Nähe ihres Hauses aufhalten. Auch die Tochter im Wagen bemerkt die beiden. Später werden sie und ihre Mutter zu Protokoll geben, dass einer der Männer eine Cola-Flasche in der Hand gehalten habe. Eine Beobachtung, die für die weiteren Ermittlungen noch relevant sein wird. Doch dies ahnt an diesem Morgen noch niemand. Und so setzt sich der Wagen mit den beiden Frauen in Bewegung und fährt davon.

Einige Stunden später kehren Frau G. und ihre Tochter nach Hause zurück. Bereits beim Aussteigen fällt der Seniorin etwas höchst Ungewöhnliches auf: Die Rollläden des gesamten Erdgeschosses sind heruntergelassen, und das obwohl ihr Ehemann zur Mittagszeit schon längst hätte wach sein müssen. Ein beunruhigendes Gefühl steigt in ihr auf.

Die Seniorin öffnet die Haustür und geht zunächst in die Küche, um die Einkäufe abzustellen, die sie auf der Fahrt nach Hause noch erledigt hat. Anschließend betritt sie das Wohnzimmer. Wenig Licht dringt durch die schmalen Schlitze der geschlossenen Rollläden. Frau G. bahnt sich ihren Weg zum Fenster, vorbei an den in der Dunkelheit nur schemenhaft erkennbaren Möbelstücken. Als sie einen der Rollläden nach oben zieht, fällt gleißendes Tageslicht in den Raum. Für einen kurzen Moment kneift die Seniorin geblendet die Augen zusammen. Es vergehen wenige Sekunden, bis sie sich an das Licht gewöhnt hat und auf ihren am Boden liegenden Ehemann blickt.

<u>Klaus G. liegt mit dem Rücken auf dem hellbraunen Parkett – in der Mitte des Raumes, zwischen Fernseher und Wohnzimmertisch.</u> Sein Mund ist weit geöffnet, seine Augen sind geschlossen. Unter der zur Hälfte auf ihm liegenden Bettdecke trägt er noch seinen Schlafanzug. Frau G. beugt sich über ihren Ehemann, berührt ihn und stellt schließlich fest, dass der 76-Jährige offenbar nicht mehr am Leben ist. Panisch ruft die Seniorin nach ihrer Tochter, die ihrer Mutter sofort zur Hilfe eilt. Erst jetzt bemerken die beiden Frauen, dass sämtliche Schränke der schweren Eichenmöbel geöffnet und nahezu alle Schubladen im Haus durchwühlt worden sind. Auf dem Fußboden herrscht Chaos.

Das Eintreffen der Polizei und die anschließende Begutachtung des Tatorts lassen keinen Zweifel mehr zu: In dem Einfamilienhaus in Bous hat sich ein kaltblütiges Verbrechen ereignet.

Die Spurensicherung sperrt den Tatort weiträumig ab. Mit Pinsel und Pinzette sichern die Experten jede noch so kleine Spur, die zum

Täter führen könnte. Ein Fotograf dokumentiert akribisch jeden Winkel des Hauses. Nichts darf übersehen werden. Bernd Juchems von der Mordkommission Saarbrücken übernimmt federführend die Ermittlungen. Zusammen mit seinem Team versucht er zu rekonstruieren, was sich am Morgen im Haus des Rentnerehepaars abgespielt haben könnte.

Die Ermittler gehen davon aus, dass der Täter kurz nach der Abfahrt der Ehefrau ins Haus eingedrungen sein muss. Dafür spricht das zuvor von ihr zubereitete Frühstück, das noch unangetastet auf einem Teller im Wohnzimmer liegt. Der Rentner Klaus G. hatte keine Chance, davon zu essen. Vermutlich ist der Täter zunächst über den etwa einen Meter hohen Holzzaun gestiegen, um auf den gepflasterten Innenhof zu gelangen. Von dort muss er in den hinteren Bereich des Grundstücks gegangen sein, in dem sich der Garten befindet. Eine kleine Treppe führt hinauf zur Terrasse. Entsprechende Spuren belegen, dass er hier die gläserne Terrassentür aufhebelt, um das Innere des Hauses zu betreten. Auf der Glasscheibe ist deutlich der Abdruck eines Schuhs zu erkennen, den er vermutlich hinterlässt, als er mit dem Fuß die Terrassentür nach innen drückt.

Auf der Suche nach Beute betritt der Täter schließlich das Haus. Er durchwühlt die Schränke in den Zimmern, reißt Schubladen heraus und wirft deren Inhalt auf den Fußboden. Kommissar Juchems ist sich sicher, dass der Täter zu diesem Zeitpunkt noch nicht weiß, dass sich der Rentner Klaus G. ebenfalls im Haus aufhält und in einem Raum im Erdgeschoss neben dem Wohnzimmer schläft.

Trotz seiner Schwerhörigkeit muss Klaus G. durch den Lärm des Einbruchs erwacht sein. Im Schlafanzug und mit einer Taschenlampe in der Hand bahnt er sich seinen Weg durch den dunklen Flur in Richtung des Wohnzimmers. Vermutlich trifft er hier auf den Einbrecher. Dieser zögert nicht einen Moment und tötet den 76-Jährigen kaltblütig. Die

Obduktion der Leiche in der Gerichtsmedizin wird später ergeben, dass der Tod durch sogenanntes weiches Ersticken herbeigeführt wurde. Mit einem Kissen oder der bloßen Hand wurden Klaus G. Mund und Nase zugehalten. Nachdem der Täter sich vom Tod des Rentners überzeugt hat, entwendet er ihm einige persönliche Gegenstände, die er am Körper trägt. Unter anderem eine Halskette.

Neben G.s Leiche sowie auf zahlreichen auf dem Boden umherliegenden Papieren entdecken die Ermittler weitere Schuhabdrücke. Eine nähere Untersuchung lässt den Schluss zu, dass diese in Form und Beschaffenheit mit dem Abdruck auf der Terrassentür identisch sind. Die Mordkommission ist davon überzeugt, dass die sichergestellten Abdrücke eindeutig Täterbezug haben. Ein Detail fällt den Ermittlern dabei sofort ins Auge: Der Täter hat auffallend kleine Füße. Schuhgröße 37 bis maximal 39.

Nachdem die Spurensicherung die Arbeiten abgeschlossen hat, trifft der Bestatter am Tatort ein, um die Leiche von Klaus G. abzutransportieren. Beim Anheben des leblosen Körpers wartet eine Überraschung auf die Ermittler, mit der niemand gerechnet hat. Unter dem Leichnam taucht ein schwarzer Handschuh auf, der mit hoher Wahrscheinlichkeit dem Täter zuzuordnen ist. Das Team der Spurensicherung stellt den Handschuh sicher und schickt ihn ins Labor, um ihn einer Analyse zu unterziehen.

Doch für die Ermittler um Kommissar Juchems stellt sich die Frage, wie der Handschuh unter den Leichnam geraten sein kann. Eine mögliche Erklärung liefert die Liegeposition des Opfers: Die Leiche von Klaus G. wurde in Rückenlage aufgefunden. Die Ermittler vermuten, dass der 76-Jährige jedoch zunächst auf dem Bauch liegt, als sein Peiniger ihn erstickt. Vermutlich zieht der Täter anschließend einen seiner Handschuhe aus, um den Verschluss der Halskette des Opfers leichter öffnen zu können. Im Versuch, an weitere persönliche Gegenstände am Körper des Rentners heranzukommen, dreht der Täter die Leiche schließlich um. Wahrscheinlich bleibt dabei der Handschuh unter dem Leichnam zurück. Ob der Täter den Handschuh schlichtweg vergessen hat oder ihn in der Eile nicht mehr hervorholen konnte, kann abschließend nicht geklärt werden. Offensichtlich ist jedoch die Skrupellosigkeit, mit der der Einbrecher im Haus des Rentnerehepaars vorgeht. Reiche Beute hat der Täter allerdings nicht gemacht. Lediglich die Halskette des Opfers, eine Taschenuhr sowie ein goldenes Armband werden entwendet.

Der unter dem Leichnam entdeckte Handschuh des Einbrechers weckt bei Juchems und seinem Team große Erwartungen. In der Hoffnung, Spuren des Täters zu entdecken, setzt der Kommissar auf die DNA-Analytik. Die Experten im Labor legen dabei einen besonderen Fokus auf den Innenteil des Handschuhs und unterziehen diesen einer näheren Untersuchung. Doch sie werden enttäuscht. Im Handschuh können weder Hautschuppen, Haare noch sonstige Spuren entdeckt werden, aus denen eine DNA isoliert werden könnte. Die Ermittler können sich dies nur mit der Tatsache erklären, dass sich inzwischen auch in Täterkreisen herumgesprochen hat, dass bei der Aufklärung vieler Straftaten zunehmend DNA-Spuren hinzugezogen werden. Und so gehen die Kriminalisten davon aus, dass der Täter sogenannte Unterhandschuhe getragen hat – Einmalhandschuhe beispielsweise, um belastbare Spuren erst gar nicht zu verursachen.

Für den Kommissar bleiben nun noch die Aussagen der Ehefrau und der Tochter des Opfers, die am Morgen vor ihrer Abfahrt zwei Männer vor dem Haus gesehen haben wollen. Juchems geht davon aus, dass es

Im gesamten Haus wurden Schränke und Schubladen durchwühlt

Neben der Leiche ist der Schuhabdruck des Täters zu erkennen

Der Schuhabdruck wird vermessen

Das Frühstück steht noch unangetastet auf dem Esstisch im Wohnzimmer

Während der Rentner tot am Boden liegt, setzt der Täter seinen Raubzug eiskalt fort

Der Täter hat die Terrassentür aufgehebelt, um in das Haus zu gelangen

An der Glasscheibe ist der Abdruck eines Schuhs zu erkennen

Fingerabdrücke werden gesichert

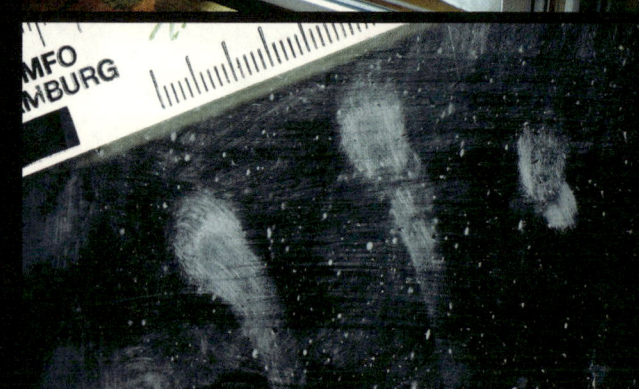

sich dabei mit hoher Wahrscheinlichkeit um die Einbrecher handelte. Noch am selben Tag beginnen die Ermittler mit der Befragung der Nachbarn und des näheren Umfelds des Opfers.

Um möglichst viele in der Straße ansässige Personen befragen zu können, teilen Juchems und seine Kollegen sich auf. Nur wenige hundert Meter vom Haus des getöteten Rentners entfernt machen die Ermittler dann einen entscheidenden Fund. Auf einer Bank am Straßenrand können die Beamten eine Cola-Flasche sichern. Eine Entdeckung, der mit hoher Wahrscheinlichkeit niemand große Bedeutung beigemessen hätte, wenn die Ehefrau des Opfers und die Tochter nicht ausgesagt hätten, dass einer der beiden Männer eine solche Cola-Flasche in Händen gehalten habe. Die Flasche wird verpackt und zur weiteren Untersuchung ins Labor geschickt. Dort gelingt es den Experten, auf der Oberfläche die DNA einer unbekannten männlichen Person zu sichern.

Währenddessen führen die Befragungen der Anwohner Kommissar Juchems zu einem nur wenige Häuser vom Tatort entfernten Anwesen. Von dem Haus mit der Nummer 17 hatten Nachbarn im Vorfeld bereits berichtet, dass sich hier überwiegend Personen aufhielten, die das Gebäude nur wenige Tage bewohnen würden. Es gäbe Matratzenlager – immer wieder würden neue Gesichter einziehen, um kurz darauf wieder zu verschwinden. Routinemäßig spricht Juchems mit den Mietern des Anwesens. Doch ohne Erfolg. Niemand will etwas von dem Verbrechen mitbekommen haben.

Juchems weiß, dass gegen die Bewohner des Hauses nichts vorliegt. Es gibt keinen Tatverdacht, und dennoch will er die Fingerabdrücke bekommen, wenn möglich sogar die DNA einer jeden dort lebenden Person – das sagt ihm sein Bauchgefühl. Nach kurzer Rücksprache mit einem Rechtsanwalt willigen die Mieter des Hauses schließlich ein, dem Kommissar sowohl Fingerabdrücke als auch Speichelproben zu überlassen. Die Proben werden mit den Spuren der auf der Cola-Flasche gesicherten DNA abgeglichen. Und tatsächlich gibt es einen Treffer. Die Spuren stimmen mit den Merkmalen eines Mannes überein, der in dem Anwesen mit der Nummer 17 gewohnt hat. Es handelt sich um den rumänischen Staatsbürger Cornel A.*. Dieser gilt jedoch nicht als tatverdächtig – Juchems möchte ihn zunächst als Zeugen befragen. Doch Cornel A. steht für eine Befragung nicht mehr zur Verfügung. Er ist bereits in seine rumänische Heimatstadt Bukarest zurückgekehrt.

Einige Wochen später erhält Kommissar Juchems einen interessanten Anruf. Den Beamten der Ermittlungsgruppe »Wohnungseinbruch« ist es gelungen, zwei Einbrecher auf frischer Tat festzunehmen. Während der Vernehmung zeigt sich einer der beiden Männer kooperativ, bietet an, mit der Polizei zusammenzuarbeiten. <u>Er berichtet den Beamten</u> <u>der Ermittlungsgruppe, dass er zum Zeitpunkt des Mordes an Klaus G.</u> <u>in derselben Straße wie das Opfer gewohnt habe.</u> Damals habe er in der Hausnummer 17 gelebt – nur wenige Schritte vom Tatort entfernt. Des Weiteren gibt er an, ein Gespräch mit angehört zu haben, in dem sich zwei Bewohner des Hauses über den Mord an einem Rentner einige Tage zuvor unterhalten hätten.

Juchems ist alarmiert. Er zögert nicht und fährt von der Saarbrücker Dienststelle in die rund zwanzig Kilometer entfernte Kleinstadt Bous, um herauszufinden, was genau sich am Vorabend des Mordes in dem Anwesen mit der Nummer 17 abgespielt hat. Der Kommissar erfährt, dass eine Geburtstagsfeier stattgefunden habe, in deren Verlauf es unter einigen Gästen zu Streitigkeiten gekommen sei. An der Auseinandersetzung beteiligt sei auch der Rumäne Cornel A. gewesen, der aufgrund der im Labor gesicherten DNA bereits in den Fokus der Ermittler geraten war. Zusammen mit seinem Bekannten Eugen C.* habe

Cornel daraufhin die Feier in den frühen Morgenstunden verlassen – mit einer mit Schnaps gefüllten Cola-Flasche in den Händen.

Juchems ist davon überzeugt, dass die beiden Männer mit der Tat in Verbindung stehen. Laut der Aussage des festgenommenen Einbrechers hätten sie dies in einem späteren Gespräch sogar zugegeben. Eine Vernehmung der beiden Männer ist jedoch nicht möglich, da sie kurz nach dem Mord aus Deutschland abgereist sind. Und so erwirkt der Kommissar beim Amtsgericht Saarbrücken einen internationalen Haftbefehl, um europaweit nach Cornel A. und Eugen C. fahnden zu lassen.

Einige Zeit später erreicht das Ermittlerteam die Nachricht, dass Eugen C. in Bukarest von der Polizei gefasst wurde. Juchems lässt den Mann in die Dienststelle nach Saarbrücken bringen, um ihn einer polizeilichen Vernehmung zu unterziehen. Und der Kommissar hat Glück: Eugen C. zeigt sich kooperativ – vermutlich auch, um sich selbst zu entlasten. Bereitwillig berichtet er von der Geburtstagsfeier am Vorabend des Mordes und über die näheren Umstände, die im Anschluss zu dem Verbrechen geführt haben.

Aufgrund der Ausführungen Eugen C.s ist es den Ermittlern möglich, das Geschehene weitgehend zu rekonstruieren: Wegen eines vorangegangenen Streits, in den Cornel A. und Eugen C. verwickelt sind, verlassen die Männer das Anwesen. Mit einer Flasche Cola in der Hand laufen sie anschließend die Straße entlang bis zu einer nahe gelegenen Sitzbank. Auf dem Weg dorthin passieren sie das Haus des späteren Opfers. Hier begegnen die beiden der Ehefrau, die gerade in den Wagen ihrer Tochter steigt und davonfährt. Nach ein paar Minuten auf der Bank entscheiden die beiden Männer, zur Geburtstagsfeier zurückzukehren. Die Cola-Flasche lassen sie zurück.

Cornel A. und Eugen C. kommen nun erneut an dem Haus des Rentners

Klaus G. vorbei. Unter dem Vorwand, austreten zu wollen, klettert A. über den Zaun des Grundstücks und verschwindet in der Dunkelheit des Innenhofes. Offensichtlich hat er vor, die Rückseite des Hauses auszukundschaften. Nur wenig später kehrt er zurück und teilt Eugen C. mit, dass er nun in das offenbar verlassene Haus einbrechen werde. C. will seinen Bekannten nach eigener Aussage noch davon abhalten. Doch Cornel A. setzt sein Vorhaben unbeirrt in die Tat um.

Im Laufe der weiteren Vernehmung gibt Eugen C. zu Protokoll, gerade einmal zehn Minuten vor dem Haus gewartet zu haben. In der Dunkelheit habe er dann plötzlich die Umrisse seines Bekannten erkannt, der hastig die schmale Hofeinfahrt in Richtung des weißen Zauns entlanggeeilt sei. Mit den Worten »Wir müssen hier weg!« habe Cornel A. ihn gepackt und sei mit ihm zum Anwesen mit der Nummer 17 zurückgelaufen. Erst als die Polizei wenig später damit begonnen habe, die Bewohner des Hauses zu befragen, sei ihm klar geworden, dass A. einen Menschen getötet habe.

Schon wenige Tage nach der Tat habe Cornel A. dann versucht, die aus dem Haus des Rentners geraubten Wertsachen zu Geld zu machen. Gemeinsam seien sie dafür mit der Straßenbahn an den Bahnhof in Saarbrücken gefahren. In einem Geschäft habe man die Uhr und die Halskette des Rentners veräußern können. Ein goldenes Armband aber, welches A. dem 76-Jährigen ebenfalls entwendet hatte, sei man nicht losgeworden. Hier seien die Namen des Opfers sowie seiner Ehefrau eingraviert gewesen. Zwar hätten die beiden Männer versucht, die Inschriften mit einem Hammer unkenntlich zu machen, dennoch sei das Armband noch als mögliches Diebesgut erkennbar und somit nahezu unverkäuflich gewesen.

Eugen C. gibt an, dass Cornel A. das Armband nahe dem Bahnhof schließlich in einen Kanalschacht wirft.

Für Juchems und sein Team besteht kein Zweifel, dass sie das von Eugen C. beschriebene Armband finden müssen, um endlich einen handfesten Beweis in Händen zu halten. An einer Zufahrt zum Bahnhof zeigt C. dem Kommissar die Stelle, an der Cornel A. das goldene Armband entsorgt haben soll. Es handelt sich um mehrere Kanalschächte im Abstand weniger Meter, in deren Innern Eugen C. das Armband vermutet. Jeder einzelne dieser Schächte ist bis zu zehn Meter tief. Fast zwei Jahre sind inzwischen seit dem Mord vergangen, und es erscheint nahezu unmöglich, noch etwas Verwertbares zu entdecken. Dennoch lässt Juchems die Kanaldeckel öffnen. Die Beamten steigen hinunter in die Tiefe, wühlen im Schlamm. Doch trotz intensiver Suche schwindet die Hoffnung der Ermittler, das Armband zu finden. Noch zwei weitere Schächte werden geöffnet und auf diese Weise durchsucht – jedoch ohne Erfolg.

Erst als die Ermittler schließlich den vierten Kanaldeckel anheben, werden sie tatsächlich fündig. Unmittelbar unter dem Deckel hängt ein Schmutzauffangkorb, der gerade einmal einen halben Meter in den Schacht eingelassen ist. Und obwohl der Korb randvoll mit Schmutz und Unrat gefüllt ist, schimmert darin etwas Goldenes hervor. Es handelt sich tatsächlich um das von Eugen C. beschriebene Armband, das dem ermordeten Rentner Klaus G. aus Bous geraubt worden war. Sei es Zufall oder Glück, dass der Schmutzauffangkorb beinahe zwei Jahre nicht gereinigt wurde – Juchems hält endlich einen Beweis in der Hand. Der Kommissar ist nun endgültig davon überzeugt, dass Eugen C. in der Vernehmung die Wahrheit gesagt hat.

Nur wenig später erreicht den Kommissar eine weitere gute Nachricht: Cornel A. ist den Ermittlern in der Schweiz ins Netz gegangen. Er sitzt in Basel in Untersuchungshaft, kann jedoch nicht an die

deutschen Behörden ausgeliefert werden, da er in der Schweiz ebenfalls straffällig geworden ist. Zwei Einbrüche, die vor Gericht noch
verhandelt werden müssen, werden ihm hier zur Last gelegt. Und so
lässt Juchems es sich nicht nehmen, in die Schweiz zu reisen. Dort
will er A. im Gefängnis aufsuchen, um mit ihm zu sprechen.

Als die beiden Männer im Vernehmungsraum des Gefängnisses aufeinandertreffen, fällt dem Kommissar sofort Cornel A.s Körpergröße
ins Auge. A. ist ein sehr kleiner, jedoch auffallend stämmiger Mann
mittleren Alters. Zur Tat will er sich nicht äußern. Er schweigt
beharrlich, als Juchems ihn auf den Einbruch und die anschließende
Ermordung des Rentners aus Bous anspricht. Doch das stört den Kommissar nicht. Nach fast zwei Jahren Ermittlungsarbeit muss er nur noch
ein letztes Detail klären: Juchems befragt A. nach der Größe seiner
Schuhe. Denn der Kommissar weiß, dass die Schuhsohlenabdrücke, die
am Tatort in Bous sowohl an der gläsernen Terrassentür als auch auf
dem Fußboden gefunden worden waren, auf einen Täter mit auffallend
kleinen Füßen hindeuten. Sichtlich verwundert über die sonderbare
Frage des Kommissars, gibt Cornel A. dennoch bereitwillig Auskunft:
Er trägt Schuhe der Größe 39.

Weder die Ermittler um Kommissar Juchems noch die Staatsanwaltschaft Saarbrücken zweifeln an der Schuld von Cornel A. Für sie gilt
es als bewiesen, dass der Rumäne den 76-jährigen Rentner Klaus G. auf
dem Gewissen hat. Die Beweise reichen für eine Anklage. Cornel A. kommt
in Saarbrücken vor Gericht und wird wegen Raubes mit Todesfolge zu
dreizehn Jahren und sechs Monaten Haft verurteilt. Sein mutmaßlicher
Komplize Eugen C. tritt im Prozess als Zeuge auf. Eine Tatbeteiligung
kann ihm nicht nachgewiesen werden. Er kommt auf freien Fuß.

Unter der Leiche
liegt ein schwarzer
Handschuh

Der Handschuh wird
zur Untersuchung ins
Labor geschickt

In einem Kanal-
schacht entdecken di[e]
Ermittler das golden[e]
Armband des Opfers

Dieses Armband
überführt den Täter
am Ende zweifelsfrei

BRIEF EINES MÖRDERS

Jana F., Warnitz (Uckermark), Brandenburg

Ein Kinderheim in Neubrandenburg, Mecklenburg-Vorpommern. Der triste Plattenbau liegt im Osten der rund vierundsechzigtausend Einwohner zählenden Stadt. Anfang der 1990er Jahre leben hier mehr als einhundert Kinder. Darunter auch die damals 15-jährige Jana F.*, deren Eltern sich rund zwölf Jahre zuvor haben scheiden lassen. Aufgrund familiärer Probleme wurden Jana und ihre drei Schwestern aus der Familie genommen und in verschiedenen Heimen der DDR untergebracht. Damals war Jana gerade einmal drei Jahre alt.

Am 14. Mai des Jahres 1991 beschließt Jana F. gemeinsam mit einer Freundin, das Heim in Neubrandenburg zu verlassen. Ihr Ziel ist die noch junge Bundeshauptstadt Berlin, in der zu diesem Zeitpunkt eine ihrer Schwestern lebt. Hastig packen die Mädchen einige Dinge zusammen, schultern ihre Rucksäcke und verlassen an diesem Dienstagnachmittag gegen 17.00 Uhr das Haus. Mit der Straßenbahn gelangen sie wenig später an den Stadtrand von Neubrandenburg. Hier halten sie Ausschau nach einer Mitfahrgelegenheit, die sie nach Berlin bringt. Immer wieder strecken die beiden Freundinnen ihre Daumen in die Höhe, in der Hoffnung, eines der vorbeifahrenden Autos zum Anhalten zu bewegen. Doch die Mühe scheint vergebens. Niemand hält an.

Zwei Stunden vergehen, in denen die anfängliche Euphorie der beiden Schülerinnen zunehmender Verzweiflung weicht. Müde und resigniert entscheidet Janas Freundin, wieder ins Heim zurückzukehren. Doch für Jana ist Aufgeben keine Option. Sie will zu ihrer Schwester nach Berlin koste es, was es wolle. Die beiden Freundinnen verabschieden sich voneinander. Sie werden sich nie mehr wiedersehen.

Unterdessen werden auch die Betreuer des Kinderheims auf das Verschwinden der 15-Jährigen aufmerksam und schalten die Polizei ein.

Doch Jana F. ist nicht mehr in der Stadt. Ihre Spur verliert sich an jener Kreuzung am Ortsausgang, an der sie nur wenige Stunden zuvor versuchte, ein Auto anzuhalten, um nach Berlin zu gelangen. Aber dort kommt sie nie an.

In den darauffolgenden Tagen sucht die Polizei fieberhaft nach der verschwundenen Schülerin. Rund um das Kinderheim werden Fahndungsplakate mit einer Fotografie der 15-Jährigen verteilt, doch verwertbare Hinweise gibt es nicht. Jana F. bleibt weiterhin unauffindbar.

Es vergehen fünf Tage, bis am 19. Mai 1991 die Polizei eine Nachricht aus der Uckermark erreicht. In einem rund zweihundert Kilometer von Neubrandenburg entfernten Waldstück bei Warnitz stoßen Spaziergänger an einer Böschung auf die entkleidete Leiche eines Mädchens. Am Hals der Toten sind deutliche Würgemale zu erkennen. Die hinzugezogene Mordkommission geht von einem Sexualdelikt aus. Offensichtlich wurde das Mädchen sexuell missbraucht und anschließend erwürgt. Die Polizei vermutet, dass es sich bei der Toten um die als vermisst gemeldete Jana F. aus Neubrandenburg handeln könnte. Die Identität des Opfers kann jedoch zunächst nicht zweifelsfrei festgestellt werden. Am Fundort der Leiche kann die Spurensicherung weder Kleidung noch sonstige persönliche Gegenstände ausfindig machen. Daher gehen die Beamten davon aus, dass der Täter den leblosen Körper hier nur abgelegt hat. Umgebracht aber wurde das Mädchen an einer anderen Stelle.

Nur wenige Meter vom Fundort der Leiche entfernt entdecken die Ermittler zahlreiche Reifenspuren, die die Vermutung nahelegen, dass der Täter möglicherweise mit einem Wagen in den Wald gefahren ist. Nach dem Ablegen des Leichnams könnte er anschließend über eine nahe gelegene Landstraße, die unmittelbar zur Autobahn führt, geflüchtet sein. Und tatsächlich werden an jener Landstraße, die der Täter für seine Flucht genutzt haben könnte, nur wenige Tage später die Habseligkeiten des toten Mädchens gefunden. Sie liegen über Hunderte Meter verteilt am Straßenrand. Vermutlich wurden sie während der Fahrt vom Täter aus dem offenen Autofenster geworfen.

Unter den an der Straße entsorgten Dingen können unter anderem eine Cremedose, ein Paar weiße Turnschuhe, ein Slip, eine Bluse und eine Jeanshose sichergestellt werden. Zur großen Überraschung der Ermittler stoßen sie im Bund der Hose auf eine per Hand hinein-geschriebene Zahlenfolge. Es handelt sich um die Nummer 102. Ein sogenanntes Wäschezeichen, mit dem zum damaligen Zeitpunkt die Habseligkeiten von Heimkindern gekennzeichnet werden. Ein Anruf im Neubrandenburger Kinderheim, in dem Jana F. lebte, bestätigt die Vermutung der Polizei: Die Nummer 102 kann eindeutig der Schülerin zugeordnet werden. Sie wurde im Wald von Warnitz Opfer eines Ge-waltverbrechens.

Ein Jahr lang versucht die Polizei, dem Mörder von Jana F. auf die Spur zu kommen. Doch die Ermittlungen in diesem Fall laufen zunächst ins Leere. Außer den Reifenspuren, die am Fundort der Leiche entdeckt worden waren, ergeben sich keinerlei Hinweise auf den Täter. Die Ermittlungsakten landen als Cold Case in den Regalen der Polizei.

Doch der Mord an der 15-jährigen Schülerin ist nie vergessen, und so kommt es, dass der Fall mehr als ein Jahrzehnt später auf dem Schreibtisch von Franko Schneider landet. Gemeinsam mit seinem Team überprüft der Mordermittler des Landeskriminalamtes Branden-burg routinemäßig alte, bisher ungelöste Fälle. Dabei gilt es zu

Das Kinderheim
im Jahr 1991

In diesem Waldstück
bei Warnitz wird die
Leiche von Jana F.
entdeckt

Der Täter hat
die persönlichen
Gegenstände des
Opfers während der
Fahrt aus dem Auto-
fenster geworfen

Die Cremedose
von Jana F.

Die Gegenstände liegen über Hunderte Meter verteilt am Straßenrand

Die Polizei dokumentiert die Lage der Kleidungsstücke am Fundort

An der Jeans des Opfers wird das Wäschezeichen des Kinderheims entdeckt

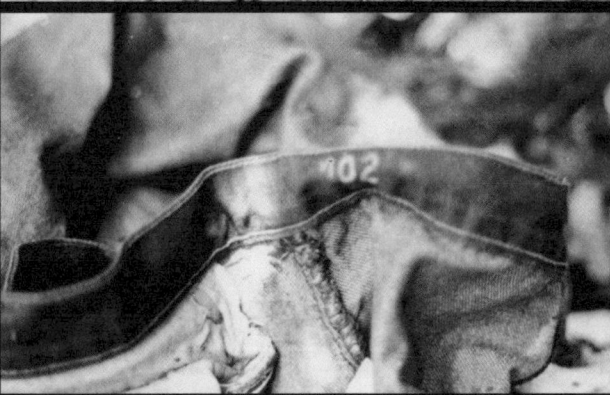

Mit Hilfe der Öffentlichkeit sucht die Polizei nach Zeugen

<u>P R E S S E M I T T E I L U N G</u>   108

Im Mord an der 15 jährigen Schülerin
(siehe Foto) sucht die Mordkommission
wichtige Zeugen, die Angaben zu ihrem Aufenthalt in der Zeit
vom 14.05.91 , 18.00 Uhr bis 19.05.91, 06.00 Uhr machen
können.
Am 14.05.91 , 18.00 Uhr verließ die   , das Kinderheim in
Neubrandenburg und war seitdem unbekannten Aufenthaltes.
Sie könnte sich im Stadtgebiet von Neubrandenburg aufgehalten
und möglicherweise die Fahrstrecke von dort in Richtung
Prenzlau - Schwedt/Oder benutzt haben. Die Kripo fragt und
sucht Zeugen auf dieser Abgangsrichtung mit und ohne PKW.
Die   führte einen schwarzen Dederonrucksack mit aufgesetzter
Tasche und eine schwarze Damenumhängetasche aus Kunstleder
mit lila Farbtupfern (Größe: 22 x 20 cm) mit sich.
Bekleidet war Sie mit

entscheiden, ob sich mit Hilfe moderner Technik neue Ermittlungsansätze ergeben. Möglicherweise wurden Spuren im Eifer des Gefechts
übersehen oder falsch gedeutet. Franko Schneider ist zunächst jedoch
enttäuscht, denn die Akten der damaligen Ermittlungen sind nicht
sehr umfangreich. Kopfzerbrechen bereiten ihm zudem die persönlichen
Gegenstände des Opfers, die damals am Straßenrand gefunden worden
waren. Die eingelagerten Asservate sind im Laufe der Jahre verloren
gegangen. Gerade hier hätte man mit den Methoden moderner DNA-Analytik oder der sogenannten Mikrospurenanalyse ansetzen können.

Doch Schneider will nichts unversucht lassen. Aus der Hauptakte
lässt sich schließen, dass der Leichnam der Schülerin in der Rechts-
medizin der Berliner Charité obduziert wurde. Den Experten war es
damals sogar möglich, Abstriche zu nehmen und diese einzufrieren.
Zudem wurden Reste von Erde an der Leiche sichergestellt. Schneider kann die eingefrorenen Abstriche ausfindig machen. Die Proben
werden in den Laboren des Landeskriminalamts erneut untersucht. Und
tatsächlich gelingt es den Experten der Kriminaltechnik mit Hilfe
moderner Untersuchungsmethoden, die fremde DNA einer männlichen
Person zu isolieren. Möglicherweise handelt es sich um die DNA des
Täters.

Franko Schneider und sein Team beschließen, den Mord an der
15-jährigen Jana F. neu aufzurollen. Zunächst versucht Schneider,
die zuvor isolierte DNA mit den gespeicherten Informationen aus
der Datenbank des Bundeskriminalamts abzugleichen. Hier sind die
DNA-Profile vieler Tausender Personen hinterlegt. Doch zum großen
Bedauern der Ermittler ergibt sich in diesem Fall kein Treffer. Die
DNA ist nicht gespeichert.

In der Hoffnung, den Täter dennoch überführen zu können, planen

die Ermittler daher die Durchführung einer groß angelegten DNA-Reihenuntersuchung. Zu diesem Zweck soll eine bestimmte Anzahl Männer
aus dem Umkreis des Leichenfundorts vorgeladen werden. Um das Vorhaben zu unterstützen, werden zunächst die Kollegen der sogenannten
Operativen Fallanalyse zurate gezogen. Gemeinsam mit den Ermittlern
der Mordkommission gilt es, eine Art Profil derjenigen Personen zu
erstellen, die überhaupt zur Abgabe einer Speichelprobe aufgefordert
werden sollen. Hauptmerkmale sind unter anderem der Besitz eines
Führerscheins zum Zeitpunkt des Mordes sowie genaue Kenntnisse über
den Ort, an dem der Leichnam abgelegt wurde.

Nach eingehender Beratung bleiben schließlich fast zweitausendfünfhundert Menschen aus sechzig Städten rund um den Fundort der
Leiche übrig. Männer zwischen 38 und 85 Jahren – sie alle werden
zu einem Massenscreening geladen. Es handelt sich zu diesem Zeitpunkt um die größte DNA-Reihenuntersuchung in der Geschichte Meck-
lenburg-Vorpommerns. Wochenlang werden Speichelproben entnommen.
Auch vor dem Ausland machen die Ermittler nicht halt. Personen,
die die Bundesrepublik zwischenzeitlich verlassen haben, werden
angeschrieben und über das DNA-Screening informiert. Proben aus
Australien, Dänemark und der Schweiz werden angefordert und analysiert.

Franko Schneider verfolgt mit seinem Team aber noch eine weitere
Strategie. Das erneute Aufrollen der Ermittlungen, die isolierte DNA-
Spur einer männlichen Person sowie die groß angelegte Reihenunter-
suchung werden offensiv in die Öffentlichkeit getragen. Schneider
selbst ist in der Fernsehsendung »Aktenzeichen XY … ungelöst« zu
Gast, in der mit Hilfe der Zuschauer nach dem Täter gefahndet wird.
Weitere regionale TV-Sender berichten über den Fall, Zeitungen und
Radiostationen greifen die Ermordung der Schülerin wieder auf. Ziel

der Ermittler ist es, den Täter aufzuschrecken und Druck auf ihn auszuüben.

Doch all die Mühen scheinen umsonst zu sein. Weder die DNA-Reihenuntersuchung noch die intensive Öffentlichkeitsarbeit bringen den erhofften Erfolg. Die Enttäuschung aufseiten der Ermittler ist groß. Nur wenig später dringt jedoch eine überraschende Nachricht in die Reihen der Mordkommission, die Schneider und sein Team aufhorchen lässt: In der Nacht des 3. Dezember 2011 fährt ein Mann mit seinem Fahrzeug in die Nähe des S-Bahnhofs Bernau, nur wenige Kilometer nordöstlich von Berlin gelegen. Gegen 23.30 Uhr stellt er seinen Wagen ab und geht zu Fuß hinauf zum Bahnsteig. Von dort läuft er etwa einhundertfünfzig Meter entlang der Gleise, ehe er sich in selbstmörderischer Absicht vor einen heranfahrenden Zug wirft. Der Mann stirbt noch vor Ort an seinen schweren Verletzungen.

Die alarmierten Polizisten durchsuchen die Taschen des Toten und entdecken darin einen Autoschlüssel, der sie zu einem auf dem Parkplatz der S-Bahn-Station abgestellten Fahrzeug führt. Sie öffnen den Wagen, um darin nach möglichen Hinweisen zu suchen. Im Licht der Taschenlampen taucht ein Stück Papier auf. Ein handgeschriebener Brief, dessen Inhalt den Beamten buchstäblich die Sprache verschlägt. Das Schreiben beginnt mit den Worten: »Meine liebe Familie, ich war zur falschen Zeit am falschen Ort …!« In dem Brief berichtet der Schafscherer Gernot K.* von seiner Begegnung mit der damals 15-jährigen Jana F., die er als Anhalterin am Straßenrand angetroffen habe. Der Familienvater schildert das Zusammentreffen mit der Schülerin und legt dar, dass er sie in seinem Wagen mitnimmt. Er schreibt außerdem von einer schrecklichen Schuld, die er auf sich geladen habe, mit der er nicht mehr leben könne.

Die Mordkommission beginnt, im Umfeld des zum Tatzeitpunkt 43-jäh-
rigen Schafscherers zu ermitteln. Schneider findet heraus, dass
Gernot K. am Tag des Mordes auf einem Bauernhof arbeitet. Dieser
liegt nur etwa zwanzig Kilometer vom späteren Fundort der Leiche
entfernt. Hier ist er damit beschäftigt, rund sechshundert Schafe
zu scheren. Gegen 17.00 Uhr an diesem Tag beendet Gernot K. seine
Arbeit und macht sich mit seinem Wagen, einem blauen Wartburg, auf
den Weg nach Hause.

Aus seinem Abschiedsbrief geht hervor, dass er nach Feierabend
schließlich auf Jana F. trifft. Das Mädchen, so berichtet der Schafscherer, habe in Gramzow am Straßenrand gestanden und auf eine Mitfahrgelegenheit nach Berlin gewartet. Wie die Schülerin an diesem
Abend von Neubrandenburg bis in den rund neunzig Kilometer entfernten
Ort Gramzow gelangt ist, kann nicht mehr geklärt werden.

Aus den Aufzeichnungen lässt sich jedoch eindeutig schließen,
dass Jana F. in den Wagen des Schafscherers gestiegen sein muss.
Gernot K. schildert, dass es ihm um Sex gegangen sei. Mit dem Mädchen
sei er auf einen abgelegenen Feldweg abgebogen. Hier habe er mit ihr
schlafen wollen. Was sich anschließend, in den letzten Minuten des
Lebens der Schülerin Jana F., tatsächlich abgespielt hat, beschreibt
der Schafscherer in seinem Brief allerdings nicht.

Franko Schneider vermutet, dass Gernot K. über das Mädchen herfällt, nachdem er seinen Wagen auf den menschenleeren Feldweg gelenkt
hat. Während eines ungleichen Kampfes, in dem sich Jana heftig gegen
ihren Peiniger zur Wehr setzt, reißt er der Schülerin teilweise die
Kleidung vom Körper. Irgendwie muss es dem Mädchen jedoch gelungen
sein, aus dem Wagen des damals 43-Jährigen zu fliehen und barfuß
ein Stück über ein angrenzendes Feld zu laufen. Von Todesangst getrieben, versucht sie, Gernot K. zu entkommen. Doch dem Schafscherer

gelingt es offensichtlich, sie einzuholen und zurück in den Wagen zu zerren. Hier vergewaltigt und erwürgt er das Mädchen.

Gernot K. beschreibt in seinem Brief jenen Ort, an den er Jana F. gebracht haben will. Auf Grundlage seiner Ausführungen gehen die Ermittler davon aus, dass es sich hierbei um ein Feld handeln muss, das rund zwanzig Kilometer vom Fundort der Leiche entfernt liegt.

Um den Tatort eindeutig belegen zu können, werden an der vermuteten Stelle umfangreiche Erdproben gesammelt und im Labor mit jener Erde abgeglichen, die damals an der Leiche gesichert worden war. Der anschließende Laborbefund kommt zu einem klaren Ergebnis: Die Erdreste an der Leiche, die mit hoher Wahrscheinlichkeit während der Flucht über das Feld an den Körper des Mädchens gelangten, stimmen mit den gesammelten Proben des mutmaßlichen Tatorts vollkommen überein.

Die Ermittler vermuten, dass Gernot K. mit der Leiche im Wagen den Feldweg verlässt, um sie anschließend in dem Waldstück bei Warnitz in der Uckermark abzulegen. Dort angekommen, zieht er das Mädchen aus dem Fahrzeug und schleift den leblosen Körper etwa zwanzig Meter ins Unterholz. Große Mühe, den Leichnam zu verstecken, gibt er sich dabei nicht.

Aus welchem Grund Gernot K. die persönlichen Gegenstände des Opfers während der Fahrt aus dem Seitenfenster seines Wagens wirft, bleibt unklar. Aufschluss darüber gibt der Abschiedsbrief jedenfalls nicht. Den Ablageort in der Uckermark wählt Gernot K. vermutlich deshalb aus, weil er aus der Region zwei Jahre zuvor weggezogen ist. Womöglich will er auf diese Weise verhindern, dass die Polizei in seinem näheren Umfeld ermittelt.

Die Strategie des Teams um Mordermittler Franko Schneider ist aufgegangen. Der Schafscherer Gernot K. sieht sich durch die Wiederaufnahme der Ermittlungen und die offensive Öffentlichkeitsarbeit der Polizei beinahe täglich mit seiner Tat konfrontiert. Schneider geht davon aus, dass der Familienvater zu Lebzeiten große Angst davor gehabt hat, im Zuge der Ermittlungen überführt zu werden. Er rechnete wohl jeden Tag damit, dass die Polizei vor seiner Tür steht. In den letzten Zeilen seines Briefes verabschiedet sich Gernot K. von seiner Familie und gibt an, sich nun der größten Strafe unterziehen zu wollen. Aus Scham, seiner Familie die Wahrheit sagen zu müssen, nimmt er sich das Leben.

Der brutale Mord an der Schülerin Jana F. aus Neubrandenburg ist endlich geklärt. Nach vielen Jahren quälender Ungewissheit kann die Familie des Mädchens nun Frieden finden.

Die Polizei
startet eine DNA-
Reihenuntersuchung

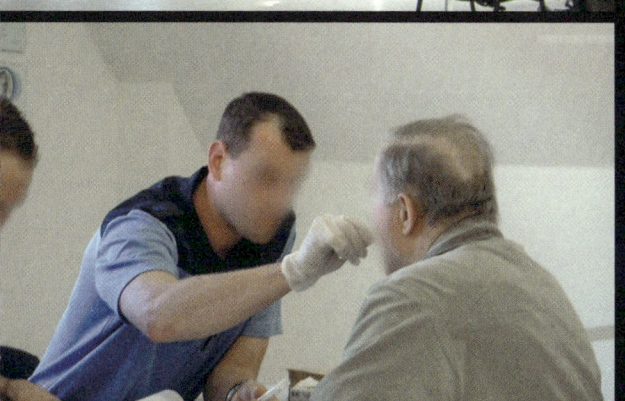

Zweitausendfünfhundert
Männer werden zu dem
Massenscreening geladen

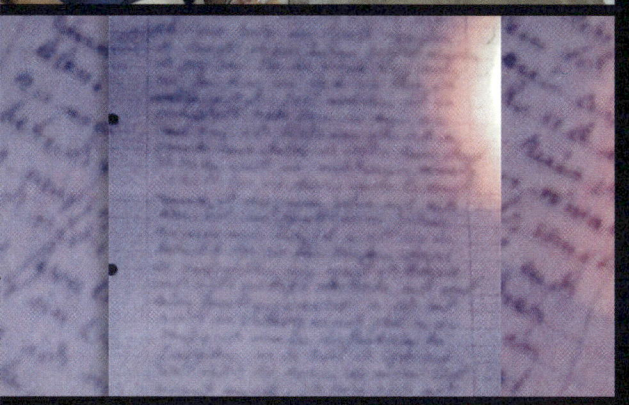

Der Abschiedsbrief
des Täters

In diesem Wartburg
saß Jana F. mit
dem Täter kurz vor
ihrem Tod

LIEBESSCHWÜRE

Kaplan G., Karlsruhe, Baden-Württemberg

Die Kapellenstraße in Karlsruhe. Am 25. Juli 1999 wird hier in einer kleinen Altbauwohnung eines Mehrfamilienhauses die Leiche eines Mannes entdeckt. Der 50-jährige Familienvater Kaplan G.* liegt auf dem Küchenboden vor dem Esstisch. Er wurde mit mehreren Messerstichen getötet. Auf dem Tisch steht noch das Abendessen – Reis und Salat, angerichtet auf einem Teller. Offenbar wurde Kaplan G. in seiner eigenen Wohnung vom Mörder überrascht. Die Polizei wird von Ayla G.*, der Ehefrau des Toten, verständigt, die sich zum Zeitpunkt des Mordes nicht zu Hause befand.

Als Mordermittler Wolfgang Metzger und sein Team von der Karlsruher Kriminalpolizei den Hausflur des Mehrfamilienhauses betreten, werden sie bereits von den Nachbarn und Familienangehörigen des Opfers aufgeregt in Empfang genommen. Mit seinen Kollegen eilt Metzger hinauf in den zweiten Stock. Das Bild, das sich ihnen bietet, verschlägt ihnen die Sprache. Kaplan G. hatte offenbar keine Chance. Der letzte Bissen des Abendessens steckt noch in seinem Mund – der Mörder muss schnell, überraschend und äußerst brutal vorgegangen sein. Mehrfach wurde dem Opfer ein Messer ins Herz gerammt. Die Ermittler sind davon überzeugt, dass der Angriff nicht zu überleben war.

Die Leiche von Kaplan G. wird in die Gerichtsmedizin gebracht. Bei der Obduktion finden die Spezialisten Hautfetzen unter den Fingernägeln des Opfers. Die Analyse im Labor ergibt, dass es sich bei den entdeckten Spuren um die DNA einer unbekannten männlichen Person handelt. Kommissar Metzger möchte zunächst wissen, was sich vor dem Mord in der Wohnung abgespielt hat, und vernimmt die Ehefrau des Opfers, Ayla G. Die 54-Jährige schildert den Beamten, dass sie am frühen Abend das Essen für ihren Ehemann zubereitet habe. Gemeinsam mit ihrem 8-jährigen Enkel habe sie anschließend die Wohnung verlassen, um mit der Straßenbahn zu Bekannten zu fahren: ein Krankenbesuch, der mehrere Stunden gedauert haben soll. Bei der Rückkehr in die gemeinsame Wohnung sei sie dann auf die Leiche ihres Ehemannes gestoßen.

Die Ermittler stehen vor einem Rätsel. Offenbar hat der Mörder in der Wohnung des Opfers weder etwas gesucht, noch scheint er etwas mitgenommen zu haben. Der Angriff galt dem Familienvater selbst – davon ist Metzger überzeugt. Ein Raubmord wird ausgeschlossen. Die anschließende Befragung der Nachbarn führt ebenfalls zu keinem Ergebnis. Niemand will etwas von dem Verbrechen bemerkt haben. Und auch die Familienangehörigen können sich nicht erklären, weshalb Kaplan G. auf eine derart kaltblütige Weise ums Leben gekommen ist.

Während der weiteren Untersuchungen stoßen die Beamten im Dachgeschoss des Mehrfamilienhauses auf eine leer stehende Wohnung. Die Wohnungstür ist aufgebrochen worden. In den Räumen selbst stehen nur noch wenige, von den Vormietern zurückgelassene Möbelstücke. In einem der Zimmer fällt der Spurensicherung ein Stuhl auf, der mitten im Raum steht. Es hat den Anschein, als habe bis vor Kurzem noch jemand darauf gesessen. An dem Stuhl werden zahlreiche Fingerabdrücke gesichert. Denn die Beamten können nicht ausschließen, dass ein Zusammenhang zwischen der aufgebrochenen Wohnung und der brutalen Tat besteht.

In den Tagen nach dem Mord an Kaplan G. bereiten dessen Angehörige die Beerdigung vor. Er soll in seiner Heimatstadt, im türkischen Gaziantep, beigesetzt werden. Während die Familie plant, Deutschland für mehrere Monate zu verlassen, um in die Türkei zu reisen, werden die Ermittlungen in Karlsruhe weitergeführt.

Routinemäßig überprüft die Mordkommission auch den Telefonanschluss der Wohnung des Opfers. Aus der umfangreichen Liste an Telefonnummern sticht eine ganz besonders hervor. Elf Gespräche, die jeweils nur wenige Minuten andauerten, wurden mit einem Teilnehmer aus Herford in Nordrhein-Westfalen geführt. Doch weder die Ehefrau noch Freunde und Verwandte Kaplan G.s haben dafür eine Erklärung. Niemand kennt die Nummer.

Kommissar Metzger ist elektrisiert. Er möchte herausfinden, wer hinter der ominösen Telefonnummer steckt, und reist in das von Karlsruhe mehr als vierhundertfünfzig Kilometer entfernte Herford. Dort angekommen, stellt sich heraus, dass es sich bei den Inhabern des Telefonanschlusses um eine junge türkische Familie mit zwei kleinen Kindern handelt.

Als der Kommissar die Familie in ihrer Wohnung aufsucht, öffnet ihm eine junge Frau die Tür. Während des folgenden Gesprächs berichtet Metzger von dem Mord in Karlsruhe und von den Telefonaten, die zuvor von dem hiesigen Apparat aus geführt wurden. Die Frau kann sich zunächst keinen Reim auf die geschilderten Ereignisse machen, dann aber fällt ihr doch noch etwas ein. Sie berichtet dem Kommissar, dass ihr Ehemann bis wenige Tage zuvor noch einen Bekannten zu Besuch gehabt habe, einen gewissen Hamza D.* Dieser stamme aus demselben Ort in der Türkei wie ihr Ehemann – aus Gaziantep.

Metzger wird hellhörig. Sowohl Hamza D. als auch der Familienvater Kaplan G. kommen aus dem türkischen Gaziantep. Er ist sich sicher: Das kann kein Zufall sein, es muss eine Verbindung zwischen den beiden Männern geben. Im weiteren Verlauf des Gesprächs berichtet die junge Frau, dass der 30-jährige Hamza D. kurz vor der Nacht der tödlichen Messerstiche seine Koffer gepackt und sich verabschiedet habe. Der Ehemann der jungen Frau habe seinen Gast zu einer Mitfahrzentrale begleitet. Hier sei Hamza D. in ein Auto in Richtung Karlsruhe gestiegen.

Die Mordkommission kann den Fahrer ausfindig machen, der Hamza D. in seinem Wagen nach Karlsruhe mitgenommen hat. Dieser kann sich noch gut an die Fahrt erinnern. Er berichtet den Ermittlern, dass er vor Jahren in Karlsruhe studiert habe und sich deshalb in der Stadt gut auskenne. Der Fahrer weiß auch noch ganz genau, an welcher Stelle er seinen Fahrgast abgesetzt hat: direkt vor einem Autohaus, das, wie sich später herausstellen wird, genau gegenüber dem Mehrfamilienhaus liegt, in dem der 50-jährige Kaplan G. erstochen wurde.

Der Fahrer der Mitfahrzentrale erinnert sich zudem, dass Hamza D. während der Fahrt Kekse gegessen habe. Und weil er noch keine Gelegenheit hatte, sein Auto aufzuräumen, liege die Kekspackung immer noch in seinem Wagen – im Fußraum des Beifahrersitzes. Die Beamten stellen die Packung sicher, um sie im Labor auf mögliche Spuren untersuchen zu lassen. Dort finden die Spezialisten Fingerabdrücke, die von Hamza D. stammen müssen. Nur er kann die Spuren auf der Kekspackung hinterlassen haben. Zudem passen die gefundenen Fingerabdrücke zweifelsohne zu jenen Abdrücken, die man in der Dachgeschosswohnung des Mordhauses an einem Stuhl gesichert hat.

Der Kommissar möchte Hamza D. vernehmen, doch dieser ist kurz nach dem Zeitpunkt des Mordes in seine türkische Heimat zurückgekehrt. Metzger beschließt, Kontakt zu den dortigen Behörden aufzunehmen. Er bittet sie, Fingerabdrücke des Mannes zu besorgen und ihm diese zukommen zu lassen.

Nur wenige Tage später erreicht die Mordkommission in Karlsruhe tatsächlich ein Fax mit den erbetenen Fingerabdrücken. Ein Vergleich im Labor ergibt, dass Metzger endlich den Beweis in der Hand hält: Die sichergestellten Spuren an der Kekspackung sowie an dem Stuhl in der leer stehenden Wohnung sind mit den Abdrücken Hamza D.s identisch.

Während sich die Angehörigen des Mordopfers noch in der Türkei befinden, um Kaplan G. in Gaziantep beizusetzen, bereitet das Team um Kommissar Metzger eine erneute Vernehmung der Familie vor. Die Ermittler sind überzeugt davon, dass diese doch tiefer in den Fall verstrickt ist als zunächst angenommen. Ayla G., die Ehefrau des Opfers, und die erwachsenen Kinder sollen von Ermittlerteams in den Räumen der Mordkommission getrennt voneinander befragt werden. Darüber hinaus planen die Beamten, sich in zeitlichen Abständen von jeweils fünfzehn Minuten in einem separaten Besprechungszimmer zu treffen, um sich gegenseitig über den aktuellen Stand des Verhörs zu informieren.

Nach der Rückkehr aus der Türkei werden die Angehörigen von Kaplan G. schließlich vorgeladen, um sie in den Räumen der Mordkommission wie geplant einer Vernehmung zu unterziehen. Sowohl die Kinder des Opfers als auch dessen 54-jährige Ehefrau werden zu ihrem Verhältnis zu einem gewissen Hamza D. befragt. <u>Ayla G. reagiert auffallend gereizt auf die Fragen der Beamten. Sie bestreitet vehement, den besagten Mann zu kennen.</u> Überraschenderweise macht eine der Töchter im Laufe der Vernehmung jedoch eine interessante Aussage. So habe die Mutter die Kinder auf dem Weg ins Präsidium dazu angehalten, die Bekanntschaft zu Hamza D. zu leugnen, sollten die Polizeibeamten das Gespräch auf den 30-Jährigen lenken. Die Kinder brechen allerdings ihr Schweigen. Sie berichten den Ermittlern von einer geplanten Heirat zwischen ihrer ältesten Schwester sowie dem Bruder Hamza D.s in Gaziantep. An den Gesprächen hätten Angehörige

In diesem Mehr-
familienhaus wird
der Familienvater
Kaplan G. ermordet

Die Wohnungstür
weist keinerlei
Aufbruchspuren auf

Während des Abend-
essens wird der
Familienvater vom
Täter überrascht

In der Küche wird da
Opfer mit mehreren
Messerstichen getöte

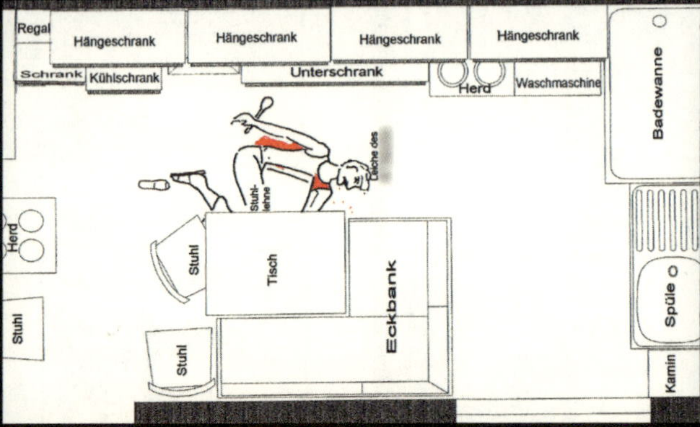

Die Leiche liegt auf dem Boden vor dem Küchentisch

Am Stuhl, auf dem das Opfer saß, sind Spuren der Tatwaffe zu erkennen

Im Dachgeschoss des Hauses entdecken die Ermittler eine leere Wohnung

Spuren werden gesichert

beider Familien teilgenommen, und bei dieser Gelegenheit sei es zur ersten Begegnung zwischen ihrer Mutter und Hamza D. gekommen.

Metzger konfrontiert Ayla G. mit den neu gewonnenen Erkenntnissen. Mit ihrer Reaktion aber hat der Kommissar nicht gerechnet. Völlig außer sich springt sie von ihrem Stuhl, reißt sich das Kopftuch herunter, schreit und gestikuliert wild umher. Wenn ihre Kinder das behaupten, so die wutentbrannte Aussage der Frau, dann werde das wohl so ein. Für den erfahrenen Ermittler ist das sonderbare Verhalten Ayla G.s ein eindeutiger Beleg dafür, wie sehr die 54-Jährige unter Druck steht.

Die Ermittler gehen nun davon aus, dass die Ehefrau des Opfers und der mutmaßliche Täter Hamza D. ein Liebesverhältnis miteinander haben. Das Opfer Kaplan G. stand ihnen offenbar im Weg und musste sterben. Ayla G. kommt in Untersuchungshaft. Da aber für die Theorie der Polizei keine gerichtsverwertbaren Beweise vorliegen, muss sie wenige Tage später wieder entlassen werden.

Metzger will nun auch gegen Hamza D. ermitteln. Jedoch benötigt er einen originalen Fingerabdruck des 30-Jährigen, denn der Kommissar weiß, dass die Kopie des Abdrucks auf dem Fax als Beweis vor Gericht nicht standhalten wird. D. befindet sich allerdings nach wie vor in der Türkei. Und dort droht ihm bei einer Verurteilung wegen Mordes die Todesstrafe. Daher wird dem Kommissar vonseiten der deutschen Behörden die Genehmigung verweigert, weiter gegen Hamza D. vorzugehen. Für die Ermittler um Kommissar Metzger sprechen die Indizien zwar eine eindeutige Sprache. Dennoch lässt sich der Fall aus Mangel an Beweisen nicht klären und wird zunächst zu den Akten gelegt.

Es vergeht mehr als ein Jahr. Ayla G. ist mit ihrem Enkel mittlerweile in einen anderen Stadtteil von Karlsruhe gezogen. Zur großen Überraschung Kommissar Metzgers meldet sich Ömer G.* telefonisch bei der Mordkommission – der älteste Sohn von Ayla G. und Vater ihres Enkels. Ömer G. berichtet dem Kommissar von einer sonderbaren Beobachtung, die ihm sein Sohn nur wenige Tage zuvor geschildert habe. Die Großmutter, so erzählt dieser seinem Vater, habe abends des Öfteren heimlich die Wohnung verlassen. Durch das Fenster habe er beobachten können, wie sie immer wieder eine nahe gelegene Telefonzelle angesteuert habe. Hier führe die Frau lange Gespräche, und das trotz des in der Wohnung vorhandenen Telefonanschlusses.

Kommissar Metzgers Aufmerksamkeit ist geweckt. Er hofft darauf, jetzt endlich den fehlenden Beweis zu finden, dass Ayla G. ein Verhältnis mit dem mutmaßlichen Mörder ihres Ehemanns hat. Und so beantragt Metzger die Überwachung der vom Enkel beschriebenen Telefonzelle, um dem sonderbaren Verhalten von Ayla G. auf den Grund zu gehen.

Von nun an hört die Mordkommission mit. Die Ermittler zeichnen jedes Wort auf. Sie protokollieren jeden noch so kleinen Gesprächsfetzen, der vom Apparat der Telefonzelle ausgehend geführt wird. Und tatsächlich: Nur wenige Tage später verlässt Ayla G. ihre Wohnung und schleicht sich zu der Telefonzelle vor dem Wohnhaus. Hier wählt sie eine Telefonnummer in der Türkei – und die Ermittler können es kaum fassen, wer am anderen Ende der Leitung abhebt. Es handelt sich tatsächlich um Hamza D., der den 50-jährigen Familienvater Kaplan G. mit mehreren Messerstichen getötet haben soll.

Mit Hilfe eines Dolmetschers wird das Gespräch zwischen den beiden aus dem Türkischen übersetzt. Hamza D. und Ayla G. tauschen heiße Liebesschwüre aus. Immer wieder fallen Worte der Sehnsucht, des gegenseitigen Vermissens. Metzger sieht sich endlich am Ziel seiner langen und mühevollen Ermittlungsarbeit. Für den Kommissar besteht nun kein Zweifel mehr daran, dass Ayla G. in einer Liebesbeziehung zum Mörder ihres Mannes steht. Sie wird festgenommen und kommt abermals in Untersuchungshaft.

Auch die Nachforschungen gegenüber Hamza D. nehmen wieder Fahrt auf. Lange konnte Metzger gegen den mutmaßlichen Mörder nicht ermitteln, da diesem bei einer Verurteilung in der Türkei die Todesstrafe gedroht hätte. Doch jetzt will die türkische Justiz auf die Verhängung der Todesstrafe in seinem Fall verzichten. Und so erteilen die deutschen Behörden dem Kommissar die Genehmigung, endlich gegen Hamza D. vorgehen zu dürfen.

Metzger reist mit seinem Team nach Gaziantep, um Hamza D. vor Ort ausfindig zu machen und für eine Vernehmung vorzuladen. Während des Verhörs streitet dieser jedoch vehement ab, etwas mit dem Mord an Kaplan G. zu tun zu haben. Um Hamza D. die Tat zweifelsfrei nachweisen zu können, muss Metzger sowohl an die originalen Fingerabdrücke als auch an eine Speichelprobe des Verdächtigen gelangen. Und tatsächlich willigt Hamza D. schließlich ein, den Ermittlern die entsprechenden Proben zu überlassen.

Die Spezialisten des Karlsruher Polizeipräsidiums vergleichen wenig später die originalen Fingerabdrücke D.s mit den Abdrücken, die man auf dem Stuhl in der Dachgeschosswohnung des Mordhauses gefunden hatte. Sie sind identisch. Und auch die unter den Fingernägeln des Opfers sichergestellten Hautfetzen weisen dieselbe männliche DNA auf wie jene, die sich aus der Speichelprobe von Hamza D. isolieren ließ.

Genug Indizien für Metzger, um dem mörderischen Liebespaar den heimtückisch geplanten Mord an Kaplan G. nachzuweisen. Die Ermittler

gehen davon aus, dass Hamza D. sich am Abend des Mordes in der Dachgeschosswohnung aufhält und darauf wartet, den eiskalten Plan in die
Tat umzusetzen. Er sitzt auf dem Stuhl, auf dem die Ermittler später
seine Fingerabdrücke sicherstellen werden. Unter dem Vorwand, Bekannte besuchen zu wollen, verlässt die Ehefrau des Opfers gemeinsam
mit ihrem Enkel die Wohnung. Dabei lässt sie die Wohnungstür einen
Spalt breit offen. Unbemerkt dringt Hamza D. wenig später in die
Wohnung ein, betritt lautlos die Küche und ersticht sein argloses
Opfer während des Abendessens. Der Enkel wird später zu Protokoll
geben, einen Schrei im Treppenhaus vernommen zu haben. Doch habe
seine Großmutter ihn davon überzeugt, dass alles in Ordnung sei,
und mit ihm zusammen das Haus verlassen.

Für das brutale Verbrechen werden Ayla G. und Hamza D. von Ge-
richten in Karlsruhe und in der Türkei zu lebenslangen Haftstrafen
verurteilt.

In der unbewohnt[...]
Wohnung befindet[...]
noch Mobiliar

Auf diesem Stuhl
hat der Täter
darauf gewartet,
den Mordplan in
die Tat umzusetz[...]

Von diesem Appar[...]
aus telefonierte[...]
Ehefrau des Opfe[...]
mit dem späteren
Täter Hamza D.

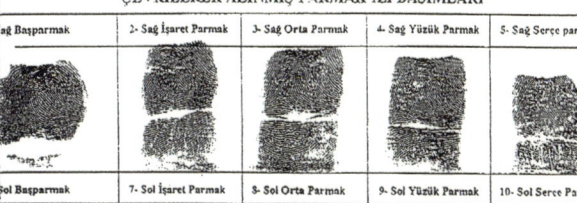

Die Fingerabdrüc[...]
des Täters

s İlgili İkaz :

lunma Nedeni : [...]

eri : [...]

Kimliği Doğrulandı mı?

☑ Evet   ☐ Hayır

ÇEVRİLEREK ALINMIŞ PARMAK İZİ BASIMLARI

...ağ Başparmak	2- Sağ İşaret Parmak	3- Sağ Orta Parmak	4- Sağ Yüzük Parmak	5- Sağ Serçe parmak
...ol Başparmak	7- Sol İşaret Parmak	8- Sol Orta Parmak	9- Sol Yüzük Parmak	10- Sol Serçe Parmak

BILD FÜR BILD

Emilia B., Hellersdorf, Berlin

Berlin-Hellersdorf. Am frühen Morgen des 16. Mai 2015 ist eine Frau auf dem Weg zu ihrer Arbeitsstelle. Um zum Bahnsteig des S-und-U-Bahnhofs Wuhletal zu gelangen, nimmt sie einen von modernen LED-Laternen gesäumten Fußgängerweg. Das grelle Licht fällt direkt auf den Asphalt. Abseits des Weges allerdings herrscht Dunkelheit. Inmitten dieser Dunkelheit macht die Frau rund dreihundert Meter von der Bahnstation entfernt einen grauenvollen Fund. Im fahlen Restlicht der Straßenlaternen entdeckt sie die schemenhaften Konturen eines regungslosen Objektes. Als sie näher tritt, blickt sie auf den toten Körper einer jungen Frau, der versteckt am Rande des Weges in einem Gebüsch liegt.

Die Zeugin steht unter Schock. Dennoch gelingt es ihr, die Polizei zu informieren, und nur wenig später sperren Dutzende Beamte das Gebiet rund um den Fundort der Leiche weiträumig ab. Die Auffindesituation der jungen Frau deutet darauf hin, dass sie Opfer eines Verbrechens wurde. Der Täter hat sie offensichtlich erwürgt und anschließend sexuell missbraucht. Kriminaltechniker suchen das Gras rund um den Tatort großflächig ab, Büsche und Bäume werden mit Folien abgeklebt – möglicherweise finden sich hier Faserspuren der Täterbekleidung.

Anhand der Ausweispapiere kann die Identität der Toten festgestellt werden. Es handelt sich um die 18-jährige Emilia B.*, eine Schülerin aus Berlin, die gerade erst ihr Abitur absolviert hat. Die später durchgeführte Obduktion des Leichnams wird ergeben, dass die junge Frau tatsächlich erwürgt und im Anschluss Opfer eines Sexualdelikts wurde. Am Hals der Schülerin kann neben zahlreichen Würgemalen zudem eine fremde DNA sichergestellt werden. ███████

Nur kurze Zeit nach den Kriminaltechnikern treffen die Kommissare
Jan Merkel und Guido Sündermann von der 1. Berliner Mordkommission
am Tatort ein. Gemeinsam mit ihrem Team übernehmen sie die Ermittlungen. Zunächst gilt es, sich einen Überblick über die Situation
vor Ort zu verschaffen. Dabei achten die Ermittler auf jedes Detail,
analysieren die Liegeposition des Opfers und begutachten das Gelände
rund um den Fundort des Leichnams. Die junge Frau liegt nur wenige
hundert Meter vom Bahnhof entfernt. Merkel und Sündermann vermuten
daher, dass sie gerade auf dem Nachhauseweg war, als sie vom Täter
überfallen und in die Dunkelheit gezerrt wurde. Ob dieser hier im
Gebüsch auf sein Opfer wartete oder der 18-Jährigen vom Bahnsteig
aus hinterherlief, kann zunächst nicht geklärt werden.

Die Ermittler versuchen herauszufinden, was sich in den letzten
Stunden im Leben der Schülerin zugetragen hat. Da das Opfer, so die
Vermutung der Mordkommission, mit der Bahn gekommen sein muss, versucht Guido Sündermann an die Bilder der zahlreichen Überwachungskameras des nahe gelegenen Bahnhofs Wuhletal heranzukommen. Der
junge Kommissar hofft, auf einer der Aufnahmen Emilia zu entdecken,
wie sie den Zug und die Bahnstation verlässt. Auf diese Weise wäre
es möglich, den ungefähren Zeitpunkt der Tat sowie Personen zu ermitteln, die mit dem späteren Opfer ausgestiegen sind. Diese könnten
zu wichtigen Zeugen werden. Doch am Bahnhof sind unzählige Kameras
angebracht, die jeweils nur einen kleinen Ausschnitt des Bahnsteigs
oder der verschiedenen Zugänge erfassen.

Sündermann fährt zurück ins Präsidium. Hier beginnt er damit,
die von der Berliner Verkehrsgesellschaft zur Verfügung gestell-
ten Datenträger zu sichten. Eine Mammutaufgabe. Nach und nach legt

er jede einzelne CD mit den Aufnahmen der Überwachungskameras ins Laufwerk seines Computers ein und begutachtet das Material. Viele Stunden vergehen, doch von der Schülerin fehlt jede Spur. Auch der letzte Datenträger enthält keine verwertbaren Hinweise. Sünder- mann ist irritiert. Dann aber fällt ihm auf, dass ein Bereich des Bahnhofs von den Aufnahmen nicht abgedeckt zu sein scheint. Der Kommissar nimmt Kontakt mit der Verkehrsgesellschaft auf. Dort ver- sichert man ihm, dass sämtliche Datenträger mit den Aufnahmen des Bahnhofs Wuhletal der Polizei übergeben wurden. Sündermann lässt jedoch nicht locker. Er ist überzeugt davon, dass mindestens eine Aufnahme noch existieren muss, und hakt weiter nach. Die Vehemenz Sündermanns zeigt schließlich Erfolg. Tatsächlich liegt der Daten- träger mit den Bildern der letzten Überwachungskamera noch bei den Verkehrsbetrieben – er wurde schlicht vergessen.

Per Kurier werden die fehlenden Aufzeichnungen in das Präsidium gebracht. Sündermann legt die verbliebene CD ein und sichtet das wiedergegebene Bildmaterial. Wieder ist ein Teil des Bahnsteigs zu erkennen. Um 1.30 Uhr fährt eine U-Bahn in den Bahnhof Wuhletal ein. Als sich die Türen des Zuges öffnen, steigen mehrere Personen aus. Unter ihnen befindet sich tatsächlich auch die gesuchte Schülerin, nach der der Kommissar so lange Ausschau gehalten hat. <u>Zügig läuft Emilia den Bahnsteig entlang. Hinter ihr ist ein Mann zu erkennen, der in dieselbe Richtung geht.</u> Sündermann beobachtet ihn, verfolgt jeden seiner Schritte. Doch nur Sekunden später verschwinden beide aus dem Sichtbereich der Kamera. Ein Schauer überkommt den Kommis- sar. Er weiß, dass Emilia nur wenig später Opfer eines Verbrechens werden wird.

Als Nächstes plant Sündermann, die Aufnahmen der Überwachungs- kameras aus dem Innern des Zuges zu sichten. Dabei gilt es herauszufinden, mit wem das spätere Opfer in der U-Bahn nach Wuhletal zusammengesessen hat. Gab es Gespräche oder Streitigkeiten? Doch an diese Aufnahmen zu gelangen stellt sich als schwieriger heraus als zunächst angenommen. Sündermann erfährt, dass die Kameras in den Zügen direkt verbaut sind. Die entsprechenden Fahrzeuge müssen also an der Endhaltestelle zunächst mühsam aus dem Verkehr gezogen werden. Anschließend werden die mit den Überwachungskameras verbundenen Festplatten ausgebaut und durch neue ersetzt. Die Zeit drängt jedoch, da die von den Kameras aufgezeichneten Bilder aus Gründen des Datenschutzes nach achtundvierzig Stunden automatisch wieder gelöscht werden. ██ ███.

Während Sündermann auf das Videomaterial aus dem Zug wartet, ermittelt sein Kollege Jan Merkel indessen im näheren Umfeld des Opfers. Dabei erfährt der Kommissar, dass die Schülerin in der Tatnacht Gast auf einer Party gewesen ist. Zeugen berichten von einer Feier zu einem achtzehnten Geburtstag, die unter dem Motto »Letzter Kindergeburtstag« ausgerichtet wurde. Der Abend sei sehr harmonisch verlaufen. Es habe nur wenig Alkohol gegeben, und sogar einige Eltern seien anwesend gewesen. An einen Streit oder eine Auseinandersetzung zwischen den Gästen kann sich niemand erinnern. Gegen 1.00 Uhr habe Emilia sich verabschiedet und sich auf den Heimweg gemacht. Zunächst mit der Straßenbahn bis zur Station »Frankfurter Allee« und von hier aus weiter mit der U-Bahn bis zum Bahnhof Wuhletal.

Nach vielen, scheinbar endlosen Stunden des Wartens erreicht Sündermann endlich der ersehnte Anruf der Berliner Verkehrsgesellschaft. Die Festplatten aus dem Zug wurden ausgebaut und liegen nun zur Sichtung bereit. Sündermann will keine Zeit verlieren und fährt persönlich in die Zentrale der Verkehrsbetriebe. Doch dort angekommen, wartet schon die nächste Überraschung auf den Kommissar. Die Mitarbeiter vor Ort erklären, dass in der U-Bahn Richtung Wuhletal, in der Emilia mutmaßlich gesessen habe, vier Überwachungskameras verbaut gewesen seien – eine in jedem Waggon. Nur zwei der Kameras hätten aber tatsächlich etwas aufgezeichnet. Auf den Festplatten der beiden mittleren Waggons seien keine Daten vorhanden gewesen.

Sündermann ist fassungslos. Eine schlüssige Erklärung seitens der Verkehrsgesellschaft gibt es zunächst nicht. Möglicherweise waren die Festplatten nicht ordnungsgemäß eingesteckt, so die Vermutung der Mitarbeiter. Doch damit will Sündermann sich nicht zufriedengeben. Eine diffuse Ahnung veranlasst den Kommissar, weiter nachzuhaken. Was, wenn die im Zug verbauten Festplatten bereits vor der Anfrage Sündermanns ausgetauscht wurden? Möglicherweise, um eine andere Straftat aufzuklären? Ein geradezu absurder Gedanke, und wenn es so wäre, ein unwahrscheinlicher Zufall. Die Mitarbeiter der Verkehrsgesellschaft halten die fixe Idee des Kommissars für ausgeschlossen. Nicht ohne ein amüsiertes Lächeln zu unterdrücken, erklären sie sich dazu bereit, die Theorie dennoch zu überprüfen.

Und nur wenig später erreicht den Kommissar eine Nachricht, die niemand für möglich gehalten hat: Einige Stunden bevor Sündermann seine Anfrage bei der Verkehrsgesellschaft stellte, wurden die Festplatten im Zug tatsächlich ausgetauscht. Ein Fahrgast erstattete Anzeige wegen einer angeblichen Beleidigung. Die gespeicherten Aufnahmen der Überwachungskameras sollten seine Aussage stützen. Zum großen Erstaunen Sündermanns liegen die gesuchten Festplatten immer noch in der Zentrale der Verkehrsgesellschaft – auf einem Schreibtisch, nur einen Raum entfernt.

An dieser Station verlässt Emilia B. kurz vor ihrem Tod die U-Bahn

Der Tatort wird weiträumig abgesperr

In der Nähe des Leichenfundorts errichten die Kriminaltechniker einen Pavillon

Emilias Leichnam liegt abseits des Weges im Gebüsch

In der Hoffnung,
Faserspuren zu fin-
en, werden Bäume und
Sträucher abgeklebt

Kriminaltechniker
uchen am Tatort nach
verwertbaren Spuren

Jede noch so kleine
Spur wird gesichert
und dokumentiert

Diesen Weg hat
das Opfer in
der Mordnacht
zurückgelegt

Um die Bilder aus dem Innern der U-Bahn auswerten zu können, müssen diese zunächst aufbereitet und auf Datenträgern gesichert werden. Ein langwieriger Prozess. Doch Sündermann will nicht noch mehr wertvolle Zeit verlieren. Während des Wartens lässt der Kommissar sich im Videoraum der Verkehrsbetriebe die Aufzeichnungen der am Bahnsteig der Station »Frankfurter Allee« angebrachten Kameras zeigen. Hier muss Emilia im Anschluss an die Geburtstagsfeier in die U-Bahn eingestiegen sein, um zu ihrer Zielhaltestelle, dem Bahnhof Wuhletal, zu gelangen. Da Sündermann weiß, wann Emilia in Wuhletal den Zug verlassen wird, kann er den Zeitpunkt, an dem sie an der Station »Frankfurter Allee« in die U-Bahn steigt, anhand des Fahrplans minutengenau nachvollziehen.

Gebannt blicken Sündermann und die Mitarbeiter der Verkehrsgesellschaft auf einen der Bildschirme, der die Aufnahmen einer Überwachungskamera zeigt. Diese ist auf eine lang gezogene Treppe gerichtet, die hinunter zum Bahnsteig der U-Bahn führt. Es dauert nicht lange, da entdecken sie tatsächlich die Schülerin Emilia B., die zielstrebig die Treppe hinunterläuft. Sekunden später ist sie aus dem Sichtbereich der Kamera verschwunden. Im nächsten Ausschnitt ist zu beobachten, wie Emilia den Bahnsteig betritt und sich auf eine Wartebank setzt. Mit ihr gemeinsam sind zu dieser Zeit Dutzende weitere Fahrgäste unterwegs. Minuten später fährt der Zug ein und kommt am Bahnsteig zum Stehen. Emilia steigt ein, die Türen schließen sich, die U-Bahn fährt ab.

Sündermann kann nichts Ungewöhnliches entdecken. Emilia hatte zu niemandem Kontakt. Es gab keinen Streit, keinen Wortwechsel. In der Hoffnung, vielleicht doch ein Detail übersehen zu haben, lässt der Kommissar sich die Aufzeichnungen ein weiteres Mal vorführen. Wie zuvor sieht er die Treppe, die hinunter zum Bahnsteig führt. Wieder ist Emilia zu sehen, die nach wenigen Schritten den Sichtbereich der Kamera verlässt.

Als der Mitarbeiter der Verkehrsgesellschaft zum nächsten Ausschnitt wechseln will, um die Schülerin weiter zu verfolgen, bittet Sündermann darum, die Einstellung der Treppe noch einen kurzen Moment weiterlaufen zu lassen – ein Bauchgefühl. Und tatsächlich dauert es nur etwa dreißig Sekunden, da läuft ein Mann die Treppe hinunter, der dem Ermittler irgendwie bekannt vorkommt. Es handelt sich um jenen Mann, der gemeinsam mit Emilia nur wenig später an der Station Wuhletal aussteigen und ihr hinterherlaufen wird. Sündermann verfolgt ihn bis auf den Bahnsteig der U-Bahn. Hier sitzt die Schülerin auf einer Bank und wartet auf den einfahrenden Zug. Der Unbekannte steht nur wenige Meter von ihr entfernt an einem Automaten. Immer wieder fällt sein Blick hinüber auf die 18-Jährige. Ob Emilia bemerkt, dass sie beobachtet wird, ist auf den Bildern nicht zu erkennen. <u>Sündermann fällt jedoch auf, dass sie während der mehrere Minuten andauernden Wartezeit den Blick des Unbekannten für einige flüchtige Momente erwidert.</u>

Als die U-Bahn in die Station einfährt, steht Emilia auf und läuft an das vordere Ende des Zuges. Aufmerksam beobachtet der Unbekannte, wie die 18-Jährige das Abteil betritt. Noch bevor sich die Türen schließen, folgt er der Schülerin schnellen Schrittes und steigt ebenfalls in den vorderen Teil des Zuges, der wenig später die Bahnstation Richtung Wuhletal verlässt.

Inzwischen ist auch das Videomaterial aus dem Innern der U-Bahn vollständig auf den Datenträgern gesichert. Die Aufzeichnungen der im Zug verbauten Kameras sind nun zur Sichtung bereit. Sündermann lässt sich diese ebenfalls in der Zentrale der Verkehrsgesellschaft vorführen. Auf einem der Bildschirme erscheint der Ausschnitt eines Zugabteils. Der schmale Gang ist gesäumt von seitlich montierten Sitzbänken, auf denen unzählige Fahrgäste Platz genommen haben. Neben etlichen weiteren Personen steigt auch Emilia in das Abteil und begibt sich auf einen der Sitze in unmittelbarer Nähe zur Tür. Nur Sekunden später ist zu sehen, wie der Unbekannte ebenfalls den Waggon der U-Bahn betritt und sich der Schülerin gegenüber auf eine noch freie Bank setzt. Dabei ist er sichtlich bemüht, möglichst unauffällig zu wirken. Er gibt sich leger, schlägt ein Bein über das andere, riskiert jedoch an jeder Station, an der die Bahn hält, einen kurzen Blick auf die Schülerin. Offenbar, um den Moment nicht zu verpassen, an dem Emilia den Zug verlässt.

An der Station Wuhletal steigt die junge Frau schließlich aus. Der Unbekannte folgt ihr in geringem Abstand durch eine der anderen Türen. Danach ist die Aufzeichnung beendet. Ein diffuses Gefühl der Beklemmung überkommt den Kommissar. Er weiß, was nur wenig später geschehen wird.

Sündermann ist sich nun sicher, dass es sich bei dem im Video gezeigten Unbekannten um den späteren Täter handelt. Er informiert seine Kollegen der Mordkommission. Deren Ermittlungen im weiteren Umfeld des Opfers verliefen bisher ohne Ergebnis. Nun sichtet das Team gemeinsam die Aufnahmen der jeweiligen Überwachungskameras vom Bahnsteig und aus dem Innern des Zuges. Es folgen intensive Besprechungen, in deren Verlauf auch die Staatsanwaltschaft mit einbezogen wird. Die Kollegen stimmen mit der Einschätzung Sündermanns überein, dass der unbekannte Mann in einem Zusammenhang mit der Tat stehen muss. Doch seine Identität kann anhand der Kameraaufzeichnungen nicht ermittelt werden. Die Mordkommission beschließt daher, eine Fotografie des Mannes, einen Screenshot aus dem Videomaterial, zu veröffentlichen. Zunächst wird nach dem Unbekannten als Zeugen gesucht. <u>Die Pressemeldung mit der Fotografie des Mannes wird an Zeitungen sowie Radio- und Fernsehstationen geschickt,</u> die das Bild umgehend veröffentlichen. Angesichts der Brutalität der Tat ist die mediale Aufmerksamkeit riesig, die Erwartungshaltung der Ermittler entsprechend hoch. Und tatsächlich meldet der Unbekannte sich nur einen Tag später auf einem Berliner Polizeirevier. Ingolf K.* gibt an, sich in einer der zahlreichen Fernsehsendungen wiedererkannt zu haben. Nun möchte der 31-Jährige erfahren, aus welchem Grund nach ihm gesucht wird. Mit dem Tod der Schülerin habe er nichts zu tun.

Zur selben Zeit ist aus zufälligen Gründen auch ein Mitarbeiter der Berliner Mordkommission auf dem Revier anwesend. Er nimmt sich des Mannes an und klärt ihn über den derzeitigen Stand der Ermittlungen auf. Dabei konfrontiert er den 31-Jährigen mit dem Verdacht der Mordkommission, er könne mit der Tötung der Schülerin in Zusammenhang stehen. Dies jedoch streitet Ingolf K. vehement ab. Zwar könne er sich an das Mädchen erinnern, schließlich sei er an derselben Station ausgestiegen, ein Verbrechen aber habe er nicht begangen. Er gibt an, der 18-Jährigen vielmehr geholfen zu haben. Schließlich sei ihr auf dem Weg in der Nähe des Bahnhofs Wuhletal die Handtasche heruntergefallen. Diese habe er für sie aufgehoben und sei anschließend in eine andere Richtung gelaufen.

Etwas seltsam, fast schablonenhaft wirken die Aussagen des Mannes auf den Mordermittler. Ständig wiederholt er dieselben Phrasen. Zwischenfragen des Beamten kann er häufig nur sehr ungenau beantworten. Aufgrund des sich erhärtenden Verdachts gegen ihn wird Ingolf K. vorläufig festgenommen. Den Ermittlern verbleiben nun vierundzwanzig

Stunden, um die Wahrheit herauszufinden. Anschließend muss der Mann entweder freigelassen oder einem Haftrichter vorgeführt werden.

Da am Leichnam der Schülerin eine fremde DNA sichergestellt werden konnte, wird Ingolf K. aufgefordert, eine Speichelprobe abzugeben. Er willigt ein, und nur kurze Zeit später lässt Mordermittler Jan Merkel den 31-Jährigen vom Polizeirevier aus in die Räume der Berliner Mordkommission überführen. Hier soll die Befragung fortgesetzt werden.

Inzwischen ist es bereits Abend, als Kommissar Merkel gemeinsam mit einem seiner Kollegen gegen 19.00 Uhr das Vernehmungszimmer betritt, in dem Ingolf K. schon seit einiger Zeit auf sie wartet. Fieberhaft hatten die Ermittler zuvor diskutiert, auf welche Weise mit dem Beschuldigten zu reden sei, welche Taktik angewandt und welche Fragen gestellt werden sollten. Sogar seinem Wunsch nach einer Currywurst mit Pommes frites wurde entsprochen. Alles läuft auf das Ziel der Ermittler hinaus, dem Mann ein Geständnis abzuringen. Denn Merkel und sein Team sind der festen Überzeugung, den Mörder der 18-jährigen Emilia B. vor sich sitzen zu haben.

Während der folgenden Befragung wiederholt Ingolf K. geradezu mantraartig, nichts mit der Tötung der Schülerin zu tun zu haben. Er habe ihr lediglich die heruntergefallene Handtasche übergeben wollen. In der besagten Nacht sei er am Bahnhof Wuhletal spazieren gegangen. Dies habe er auch schon früher des Öfteren getan. Fragen nach der Beschaffenheit der Handtasche, der Umgebung rund um die Bahnstation oder in welche Richtung er angeblich spaziert sei, kann er jedoch nur sehr vage beantworten. Die Aussagen des Mannes erscheinen den Ermittlern mehr als widersprüchlich.

Etwa gegen 21.30 Uhr ist die Befragung beendet. Kommissar Merkel legt Ingolf K. das Vernehmungsprotokoll vor, das anhand seiner Aussagen erstellt wurde. Er bittet ihn, das Papier gegenzulesen und anschließend zu unterschreiben. Am nächsten Tag soll die Vernehmung des 31-Jährigen fortgesetzt werden. Dabei setzen die Ermittler ihre Hoffnung auf die bevorstehende Nacht in der Zelle, die Eindruck auf den Beschuldigten machen soll und ihn möglicherweise zum Umdenken bewegen könnte. Gerade setzt Ingolf K. den Stift an, um das Protokoll zu unterschreiben, da öffnet sich die Tür zum Vernehmungszimmer. Der Leiter der Mordkommission betritt den Raum und flüstert Merkel einige Worte ins Ohr. Gemeinsam verlassen sie anschließend das Zimmer. Offensichtlich gibt es Neuigkeiten.

Vor der Tür erfährt Merkel, dass die Speichelprobe des Beschuldigten durch die Experten des Kriminaltechnischen Instituts ausgewertet wurde. Die im Labor isolierte DNA stimme mit jenen Spuren überein, die an der Leiche der Schülerin gesichert worden waren. Ingolf K. sei zweifellos der gesuchte Täter.

Wenig später kehrt Merkel in das Vernehmungszimmer zurück und bittet nun seinen Kollegen, ebenfalls für einen Moment nach draußen zu gehen. Auch er soll von den guten Nachrichten erfahren.

Merkel lässt sich gegenüber dem Beschuldigten zunächst nichts anmerken. Dann aber konfrontiert er ihn doch mit den Untersuchungsergebnissen aus dem Labor. Mit nahezu ausdruckslosem Gesicht verfolgt Ingolf K. die Ausführungen des Kommissars. Zunächst versucht er die DNA-Spur damit zu erklären, dass er während des Aufhebens der Handtasche versehentlich mit der Schülerin in Berührung gekommen sei. Als Merkel ihm jedoch offenbart, dass auch am Hals des erwürgten Opfers seine DNA entdeckt wurde, eine zufällige Berührung demnach ausgeschlossen sei, sackt Ingolf K. in sich zusammen. Er gesteht, die 18-jährige Schülerin Emilia B. ermordet zu haben.

In den folgenden Stunden der Vernehmung legt Ingolf K. ein umfassendes Geständnis ab. Anhand seiner Aussagen können die Ermittler die Tat bis ins Detail rekonstruieren. Es entsteht ein klares Bild dessen, was sich in der Nacht des Mordes am Bahnhof in Wuhletal tatsächlich abgespielt hat: In jener Nacht begegnet Ingolf K. der Schülerin das erste Mal am Eingang der U-Bahn-Station »Frankfurter Allee«. Er findet Emilia attraktiv, würde sie gern ansprechen. Doch das traut er sich nicht. Stattdessen folgt er der jungen Frau bis hinunter an den Bahnsteig und nimmt mit ihr gemeinsam die U-Bahn Richtung Wuhletal. Dort angekommen, verlässt die 18-Jährige den Zug und geht in Richtung des Ausgangs. Ingolf K. läuft ihr in kurzem Abstand hinterher. Er verspürt das Bedürfnis, mit der Schülerin schlafen zu wollen, doch erneut fehlt ihm der Mut, die junge Frau anzusprechen. Kurz darauf verlässt Emilia den Bahnhof und geht einen spärlich beleuchteten Fußgängerweg entlang, der zu ihrem nur wenige hundert Meter entfernten Zuhause führt. In einer Kurve des Weges überwältigt Ingolf K. die ahnungslose Schülerin und nimmt sie von hinten in den Schwitzkasten. Emilia wehrt sich heftig, versucht, sich dem Griff ihres Peinigers zu entziehen. Dabei fallen beide eine unbeleuchtete Böschung hinunter, die den Fußgängerweg beidseitig begrenzt. Im Schutz der Dunkelheit erwürgt Ingolf K. die Schülerin, um sie anschließend sexuell zu missbrauchen.

Das Schicksal der jungen Frau berührt Kommissar Merkel und seine Kollegen tief. Beinahe vierundzwanzig Stunden sind die Ermittler inzwischen auf den Beinen. Dem Gefühl unendlicher Erschöpfung weicht die Erleichterung darüber, den Mord an Emilia B. zweifelsfrei aufgeklärt zu haben.

Während der anschließenden Durchsuchung der Wohnung Ingolf K.s wird ein weiterer Beweis sichergestellt. In einem Schrank entdecken die Ermittler ein Teppichmesser, an dem Faserspuren eines Kleidungsstücks haften. Ein Abgleich im Labor führt zu dem Schluss, dass diese Fasern eindeutig zum Slip der getöteten Schülerin gehören. Mit Hilfe des Messers, so die Vermutung der Ermittler, hat Ingolf K. seinem Opfer die Wäsche vom Leib geschnitten.

Auf dem Computer des Beschuldigten finden die Beamten zudem zahlreiche pornografische Filme mit teilweise gewaltverherrlichendem Inhalt. Immer wieder geht es um Frauen, die von fremden Männern auf der Straße angesprochen und gegen Bezahlung zum Sex überredet werden. Die Ermittler vermuten, dass die sexuellen Phantasien dem Beschuldigten nicht mehr genügten. Möglicherweise wollte Ingolf K. jene Filme, die er wochenlang am Computer konsumiert hatte, in die Realität umsetzen.

Wegen des brutalen Mordes und versuchter Vergewaltigung wird Ingolf K. vom Landgericht Berlin zu einer lebenslangen Haftstrafe verurteilt.

Schon an der Station »Frankfurter Allee« folgt der Täter seinem Opfer hinunter zur U-Bahn

Am Bahnsteig setzt sich Emilia auf eine Bank, der Täter beobachtet sie aus einigen Metern Entfernung

An der Station »Wuhletal« verlässt Emilia die U-Bahn, der Täter folgt ihr

Nur wenige Minuten vor Emilias Tod fängt die Kamera den Täter auf dem Bahnsteig ein

DER FRIEDHOFSGÄRTNER

Sabine N. und Julius, Frankfurt (Oder), Brandenburg

An einem warmen Sommertag im Juli 1997 verschwindet im brandenburgischen Frankfurt an der Oder eine junge Mutter mit ihrem kleinen Sohn. Sabine N.* lebt mit dem erst vier Monate alten Säugling Julius* in einem Mehrfamilienhaus mitten in der Stadt. Die Wohnung der alleinerziehenden Mutter befindet sich im Erdgeschoss eines lang gezogenen Wohnkomplexes. Nur eine Etage über der jungen Frau wohnen ihre Eltern. Sie unterstützen ihre Tochter im Alltag, helfen im Haushalt aus und kümmern sich zusammen mit Sabine um den kleinen Julius.

Am 1. Juli 1997, dem Tag von Sabines Verschwinden, bereitet die Mutter der 23-Jährigen wie so oft das Essen für ihre Tochter zu. Gegen Mittag sind sie verabredet. Der Tisch ist gedeckt, alles ist vorbereitet – doch die sonst so zuverlässige Sabine taucht nicht auf. Die Eltern sind beunruhigt. Sie beschließen, zur Wohnung ihrer Tochter hinunterzugehen. Doch selbst nach mehrmaligem Klingeln öffnet niemand die Tür. Mit einem Zweitschlüssel, den Sabine ihren Eltern »für alle Fälle« überlassen hat, verschaffen sie sich Zugang zur Wohnung. Diese ist jedoch verwaist. Es finden sich keinerlei Anhaltspunkte, die das Verschwinden ihrer Tochter erklären könnten, und so vermuten die Eltern, dass Sabine jeden Moment zurückkehren wird. Doch die junge Frau kommt nicht mehr nach Hause.

Noch am selben Abend verständigen die besorgten Eltern die Polizei. Zunächst wird der Fall als Vermisstensache eingestuft. Als Sabine und Julius jedoch auch am dritten Tag nicht wiederauftauchen, nimmt sich das Ermittlerteam um Jürgen Sommer von der Mordkommission Frankfurt (Oder) des Falls an. Der Kommissar ahnt zu diesem Zeitpunkt jedoch nicht, dass das Verschwinden von Sabine N. ihn noch über viele Jahre hinweg beschäftigen wird.

Einen ersten Ermittlungsansatz vermutet das Team um Kommissar Sommer in den Lebensumständen der 23-jährigen Sabine N. Zum Zeitpunkt ihres Verschwindens arbeitet die junge Frau beim städtischen Grünflächenamt. Hier ist sie unter anderem für den Friedhof der Stadt zuständig.

Zwischen uralten Grabsteinen führt Kommissar Sommer zahlreiche Gespräche mit den Arbeitskollegen der Vermissten. Doch die Befragungen liefern keinerlei Hinweise auf den Verbleib der jungen Frau. Ein interessantes Detail aus Sabine N.s Privatleben lässt den Kommissar jedoch hellhörig werden. Die Arbeitskollegen sprechen offen über ein schon Jahre andauerndes Liebesverhältnis, das Sabine N. mit dem 43-jährigen Friedhofsgärtner Werner K.* gehabt haben soll. Aus diesem Verhältnis sei auch der kleine Julius hervorgegangen.

Sommer erfährt zudem, dass es oft Streit zwischen dem Paar gegeben habe. Der Friedhofsgärtner sei von Sabine N. immer wieder dazu gedrängt worden, die Vaterschaft für den Säugling anzuerkennen. Sie wolle eine Familie gründen, doch davon will Werner K. offenbar nichts wissen. Immer wieder weise er die junge Frau zurück. Gemeinsame Termine beim Jugendamt lasse er verstreichen.

Der Kommissar möchte mehr über den Mann erfahren und beginnt damit, das Leben des 43-Jährigen zu durchleuchten. Dabei stellt sich heraus, dass Werner K. bereits seit mehreren Jahren in einer Beziehung lebt. Gemeinsam mit seiner Partnerin Sonja L.* hat er drei Kinder. Weitere drei Kinder kommen aus einer früheren Beziehung hinzu. Sommer vermutet, dass die offenbar ungeplante Geburt des kleinen Julius den Friedhofsgärtner in finanzielle Bedrängnis gebracht haben muss. Immerhin hat Werner K. wiederholt versucht, sich der Verantwortung für sein siebtes Kind zu entziehen.

Die Ermittler laden Werner K. vor, um ihn in der Dienststelle einer Befragung zu unterziehen. Der große, durch seine körperliche Arbeit muskulöse Mann wird in das Vernehmungszimmer geführt. Hier gibt er an, Sabine schon einige Tage vor ihrem Verschwinden nicht mehr gesehen zu haben. Er könne sich auch nicht erklären, was mit ihr und ihrem Sohn geschehen sein könnte.

Da das Gespräch mit K. ohne nennenswerte Ergebnisse verläuft, wird der Friedhofsgärtner wenig später aus den Räumen der Mordkommission entlassen. Bei den Ermittlern aber bleibt ein Bauchgefühl zurück. Irgendetwas stimmt mit Werner K. nicht – da sind sich die Beamten sicher.

Die weiteren Ermittlungen in den folgenden Wochen gestalten sich äußerst schwierig. Die Oder, der Grenzfluss zwischen Deutschland und Polen, ist über die Ufer getreten. Ein Jahrhunderthochwasser, das im Jahr 1997 den Einsatz vieler Polizeikräfte, auch aus der Mordkommission, erfordert. Außerdem fallen einem Brand in einem Behindertenwohnheim mitten in der Stadt acht Menschen zum Opfer. Auch hier ist die Mordkommission wochenlang im Einsatz. Trotz widriger Umstände und des akuten Personalmangels werden die Ermittlungen im Fall der verschwundenen Sabine N. jedoch so gut es geht fortgesetzt.

Die Ermittler legen ihren Fokus zunächst auf das nähere Umfeld der jungen Frau. Familienangehörige, Freunde und Bekannte sowie die Nachbarn aus dem Wohnviertel, in dem Sabine N. bis zu ihrem Verschwinden lebte, werden befragt. Vor allem aber gilt es für die Beamten herauszufinden, ob der Friedhofsgärtner Werner K. die Wahrheit gesagt hat, als er behauptete, Sabine N. schon seit einigen Tagen nicht mehr gesehen zu haben. Tatsächlich können die Angaben des 43-Jährigen nur wenig später als Falschaussage widerlegt werden. Sowohl am Tag ihres Verschwindens als auch in den Tagen zuvor ist

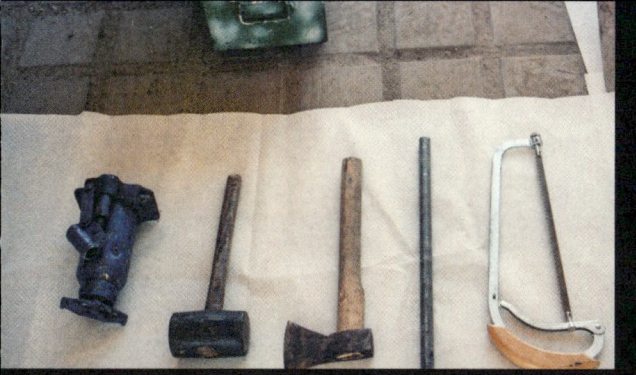

Die Kriminaltechniker untersuchen alle Gegenstände aus dem Transporter des Friedhofgärtners

Das Fahrzeug, mit dem der Täter unterwegs war

Im Innern des Transporters können keine Spuren von Sabine N. und Julius entdeckt werden

Auch an den Werkzeugen finden sich keine verwertbaren Spuren

Die Polizei lässt
ein fünftausend
Quadratmeter großes
Waldstück umgraben

Dutzende Beamte
suchen nach den
Leichen von
Sabine N. und
ihrem kleinen Sohn

Am Ende werden sogar
Bagger für die
Grabungen eingesetzt

Während der Grabungs-
arbeiten stoßen die
Beamten auf zwei
skelettierte Leichen

Sabine N. immer wieder zusammen mit ihrem Geliebten gesehen worden. Das berichten mehrere Zeugen übereinstimmend. Außerdem soll der leidenschaftliche Angler K. wiederholt versucht haben, die junge Frau mit ihrem Kind aus ihrer Wohnung zu locken, um mit ihr des Nachts im Oderbruch fischen zu gehen. Doch das habe die 23-Jährige immer wieder abgelehnt. Ein ungewöhnliches Verhalten, das den Kommissaren zunächst Rätsel aufgibt und den Friedhofsgärtner immer weiter in den Fokus der Ermittlungen rückt.

Und dann berichtet ein Mitarbeiter der Mordkommission, der in unmittelbarer Nachbarschaft zu Werner K. wohnt, dass sich das Verhalten des Mannes seit dem Verschwinden der jungen Mutter massiv verändert habe. Werner K. ist bis zu diesem Zeitpunkt ein gern gesehener Gast in verschiedenen Frankfurter Lokalitäten. Ein fröhlicher Mensch, immer zu einem Plausch bereit. Doch irgendwann wird er in keiner Gaststätte mehr gesehen. Er wirkt in sich gekehrt, vermeidet zunehmend fremde Kontakte.

Kommissar Sommer findet heraus, dass Werner K. am Vormittag des 1. Juli 1997, dem Tag, an dem Sabine N. von ihren Eltern als vermisst gemeldet wurde, im Auftrag des Grünflächenamtes mit einem orangefarbenen Transporter unterwegs gewesen sein soll. Mehrere Zeugen bestätigen der Polizei, das Fahrzeug an diesem Tag in der Nähe des Hauses gesehen zu haben.

Das Team um Kommissar Sommer nimmt den Transporter unter die Lupe. Die Ermittler vermuten, dass Sabine N. am Tag ihres Verschwindens in dem Fahrzeug gesessen hat, um anschließend mit ihrem Geliebten an einen der Polizei zunächst unbekannten Ort zu fahren. Dafür spricht auch die Auswertung der Kilometerabrechnung des Transporters, bei der es an diesem Tag zu Ungereimtheiten gekommen sein soll. Offenbar ist Werner K. fast dreißig Kilometer mehr gefahren, als für seine Arbeit notwendig gewesen wäre.

Der 43-Jährige wird aufgrund der Indizien vorläufig festgenommen, um ihn einer weiteren Vernehmung zu unterziehen. Doch Werner K. bleibt bei seiner Aussage, Sabine N. und ihren Sohn schon einige Tage vor ihrem Verschwinden nicht mehr gesehen zu haben. Für die zu viel gefahrenen Kilometer im städtischen Dienstwagen liefert er keine schlüssige Erklärung.

In der Hoffnung, im Innern des Transporters mögliche Spuren von Sabine und Julius zu finden, lässt Sommer das Fahrzeug von den Experten der Kriminaltechnik untersuchen. Doch die Kollegen der Spurensicherung finden keine Hinweise darauf, dass sich die 23-Jährige und ihr kleiner Sohn tatsächlich in dem Fahrzeug aufgehalten haben. Und auch wenn die Mordkommission inzwischen von einem Kapitalverbrechen ausgeht, muss Werner K. wenig später wieder aus der Untersuchungshaft entlassen werden. Für eine Anklage reichen die Ermittlungsergebnisse nicht aus. Beweise für eine Tötung oder sogar einen Mord gibt es nicht. Sabine und Julius bleiben spurlos verschwunden.

Sieben Jahre vergehen, bis sich für die Polizei überraschend neue Ermittlungsansätze ergeben. Von dem Mitarbeiter der Mordkommission, der in unmittelbarer Nachbarschaft zu Werner K. lebt, erfährt Kommissar Sommer, dass die Beziehung des inzwischen 50-jährigen Friedhofsgärtners zu seiner Lebensgefährtin Sonja L. zwischenzeitlich in die Brüche gegangen sei. Werner K. habe die gemeinsame Wohnung verlassen, um zu einer anderen Frau zu ziehen.

Diese für die ehemalige Lebensgefährtin emotional aufwühlende Zeit will die Mordkommission nutzen, um mit ihr ins Gespräch zu kommen. In der Hoffnung, dass Werner K. mit ihr über den Verbleib von Sabine N. und ihrem Sohn Julius gesprochen hat, nimmt Jürgen Sommer Kontakt zu Sonja L. auf. Dem Kommissar gelingt es, ein Vertrauensverhältnis zu ihr aufzubauen. Und tatsächlich offenbart sie gegenüber Sommer schließlich ihr dunkles Geheimnis, das sie über all die Jahre hinweg in sich getragen hat: Schon kurz nach dem Verschwinden von Sabine und Julius habe Werner K. ihr gestanden, die beiden umgebracht zu haben. All die Jahre habe sie Stillschweigen bewahrt, da der Friedhofsgärtner sie und die gemeinsamen Kinder mit dem Tode bedroht habe.

Sommer bemerkt, wie schwer es ihr fällt, über das Erlebte zu sprechen. Er vermutet, dass Sonja L. bis heute eine Mitschuld an der Tat ihres ehemaligen Lebensgefährten verspürt, obwohl sie selbst daran nicht beteiligt war.

Mit brüchiger Stimme berichtet Sonja L., dass Werner K. die beiden Leichen in einem Wald in der Nähe von Lossow vergraben habe. Sie ist sogar dazu bereit, den Ermittlern das besagte Waldstück zu zeigen. Und tatsächlich kann sie sich vor Ort an ein abschüssiges Gelände erinnern und an drei Eichen, die in unmittelbarer Nähe zur Grube standen. Dort sei sie nur einen Tag vor dem Verschwinden von Sabine und Julius unfreiwillig Zeugin der Mordvorbereitungen geworden.

An diesem Morgen sei Werner K. gemeinsam mit Sonja L. zu dem kleinen Waldstück in Lossow gefahren und habe seinen Wagen in unmittelbarer Nähe auf einem kleinen Feldweg geparkt – angeblich, um den gemeinsamen Hund auszuführen. Mit einem Spaten in der Hand, den er im Kofferraum des Fahrzeugs deponierte, sei er wenig später allein in Richtung Unterholz aufgebrochen. Einmal noch habe er sich umgedreht und seiner Lebensgefährtin zugerufen, sie solle mit dem Hund spazieren gehen und darauf achten, dass sich kein Fremder dem Waldstück nähere. Dann sei er im dichten Gestrüpp verschwunden.

Die Handtasche der vermissten Sabine N. wird gefunden. Ihr Inhalt bestätigt die Identität der Toten.

Spur 17

Die sterblichen Überreste von Sabine N. werden in der Gerichtsmedizin obduziert

Die Kleidung der beiden Toten ist stark verwittert

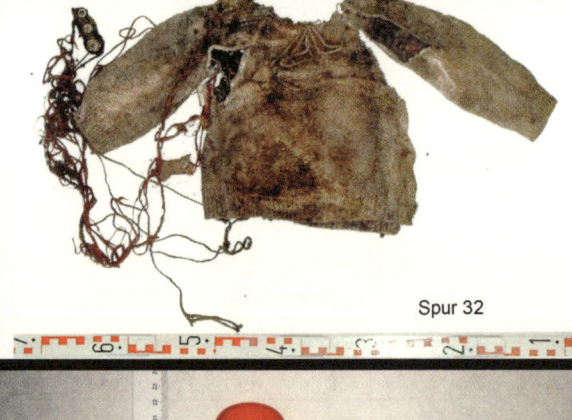

Spur 32

Die Trinkflasche des kleinen Julius

Spur 22.1

Doch Sonja L. will wissen, was er im Wald treibt. In einigen Metern Entfernung folgt sie Werner K. über einen von verwachsenen Bäumen gesäumten Pfad. Durch dichtes Laub hindurch kann sie ihn wenig später beobachten, wie er mitten im Wald eine tiefe Grube aushebt.

Die Suche nach diesem Ort gestaltet sich nun, sieben Jahre nach der Tat, jedoch schwieriger als zunächst angenommen. Begleitet von mehreren Beamten streift Sonja L. über viele Stunden hinweg durch das Dickicht des Waldes. Immer wieder versucht sie sich an die besagte Stelle zu erinnern, doch die Vegetation hat sich im Laufe der Jahre deutlich verändert. An einer kleinen Lichtung stoßen sie dann schließlich auf drei nebeneinanderstehende Eichen. Sonja L. glaubt sich zu erinnern, an dieser Stelle ihren ehemaligen Lebensgefährten beim Ausheben der Grube beobachtet zu haben. Die Beamten sind elektrisiert. Sommer will sofort mit den Suchmaßnahmen beginnen. Doch die momentanen Witterungsverhältnisse lassen dies zunächst nicht zu. Der Winter in diesem Jahr war streng, und der Boden ist bis zu einer Tiefe von vierzig Zentimetern gefroren. An Grabungen ist derzeit nicht zu denken.

Es vergehen weitere sechs Wochen, bis die Suche endlich beginnen kann. Sommer stellt eine Mannschaft aus Dutzenden Beamten zusammen, die in dem Waldstück bei Lossow nach den Leichen von Sabine N. und Julius suchen soll. Bagger werden herangeschafft. Doch die Aktion verläuft zunächst ergebnislos. Sommer dehnt das Suchgebiet aus. Rund fünftausend Quadratmeter werden jetzt von der Polizei umgepflügt. Jeden Tag sind mehr als einhundert Beamte im Einsatz, mit Schaufeln und schwerem Gerät.

Beinahe mit jedem Spatenstich stoßen die Einsatzkräfte auf Knochenteile. Die Funde werden in die Pathologie nach Frankfurt (Oder) geschickt. Hier untersucht das Team um Gerichtsmediziner Harald Voss jeden einzelnen Knochen nach verwertbaren Spuren – eine Sisyphusarbeit. Ein Teil der Proben stammt nachweislich von Tieren. Später können die Experten auch menschliche Überreste entdecken. Aufgrund der starken Verwitterung der Knochen geht Voss jedoch davon aus, dass es sich um deutlich ältere Fundstücke handeln muss. Der Pathologe vermutet, dass sie es mit Skelettresten gefallener Soldaten aus dem Zweiten Weltkrieg zu tun haben, da die Frontlinie im Jahre 1945 durch das Waldstück in Lossow führte.

Mehrere Wochen lang werden Hunderte Knochen durch die Gerichtsmediziner untersucht. Doch Sabine und Julius bleiben verschwunden. Im Präsidium kommen derweil erste Zweifel an der Verhältnismäßigkeit des Einsatzes auf. Die Suchmaßnahmen verschlingen hohe Geldsummen, zudem sind sehr viele Polizeibeamte an den Arbeiten beteiligt. Stimmen werden laut, die Grabungen endlich einzustellen. Doch Jürgen Sommer will nicht aufgeben. Er ist vom Erfolg der Aktion weiterhin überzeugt. Und obwohl zunehmend die Frage im Raum steht, warum die Ermittler trotz der intensiven Bemühungen immer noch keine verwertbaren Spuren vorweisen können, kann Sommer sich schließlich gegen jeden Zweifel durchsetzen und die Arbeiten im Wald fortsetzen.

Ein Hubschrauber der Polizei steigt auf und fotografiert das Gelände aus der Luft. Sommer und sein Team werten die Aufnahmen anschließend aus und machen dabei eine überraschende Entdeckung: Mehrere hundert Meter von der Stelle entfernt, an der sie über Wochen hinweg gegraben haben, fällt ihnen ein Bereich ins Auge, der dem ursprünglichen Suchgebiet bis ins Detail ähnelt – auch hier lassen sich drei nebeneinanderstehende Eichen erkennen.

Wieder setzt Sommer alles in Bewegung. Und diesmal dauert es nur wenige Stunden, bis die Beamten fündig werden. In rund einem Meter

Tiefe setzt der Bagger zu einem wuchtigen Hub an, als sich aus der feuchten Erde plötzlich ein Gegenstand herausschält. Zunächst ist er nur schemenhaft zu erkennen, dann aber wird den umherstehenden Beamten klar, dass es sich um einen Kindersitz aus einem Auto handelt.

Sofort stoppt Sommer die Grabungsarbeiten des Baggers. Der Ermittler ist überzeugt davon, endlich die richtige Stelle gefunden zu haben. Um weitere mögliche Spuren nicht zu zerstören, müssen die Beamten nun jeden Zentimeter fein säuberlich per Hand abtragen. Mit Schaufel und Pinsel arbeiten sie sich Stück für Stück in die Tiefe, bis sie in der Grube ein weiteres Beweisstück entdecken – die Handtasche von Sabine N. Davon zeugen die Ausweispapiere, der Führerschein und weitere Dokumente, die in dem Portemonnaie der 23-Jährigen gefunden werden.

Nur wenig später stoßen die Beamten schließlich auf die skelettierten Leichen von Sabine N. und ihrem Sohn. Der kleine Julius liegt neben seiner Mutter. Seine Trinkflasche hält er fest in seinen Armen. Ein Anblick, der auch für den erfahrensten Ermittler nur schwer zu ertragen ist.

Die sterblichen Überreste werden in die Pathologie nach Frankfurt (Oder) gebracht und von Gerichtsmediziner Harald Voss untersucht. Die Obduktion ergibt, dass der Schädel von Sabine N. an zwei Stellen oberhalb der Augenhöhlen zerbrochen ist. Die junge Frau wurde mit einem Hammer oder einer Axt erschlagen. Die Knochen des kleinen Julius sind nur noch in Teilen vorhanden. Die Knorpel, aus denen Skelette von Säuglingen überwiegend bestehen, sind im Laufe der Jahre verwittert. Die Todesumstände des vier Monate alten Jungen können bis heute nicht geklärt werden.

Nach fast einem Jahrzehnt steht der Friedhofsgärtner Werner K. vor Gericht. Zur Tat selbst äußert er sich nicht. Die Richter vermuten jedoch, dass er seine ehemalige Geliebte und den gemeinsamen Sohn aus Angst vor Unterhaltsforderungen umgebracht hat.

Werner K. wird vom Landgericht Frankfurt (Oder) wegen Mordes zu einer lebenslangen Haftstrafe verurteilt. Die Bilder des kleinen Julius, der mit seiner Flasche im Arm in der Erde liegt, werden Jürgen Sommer und sein Team nie vergessen.

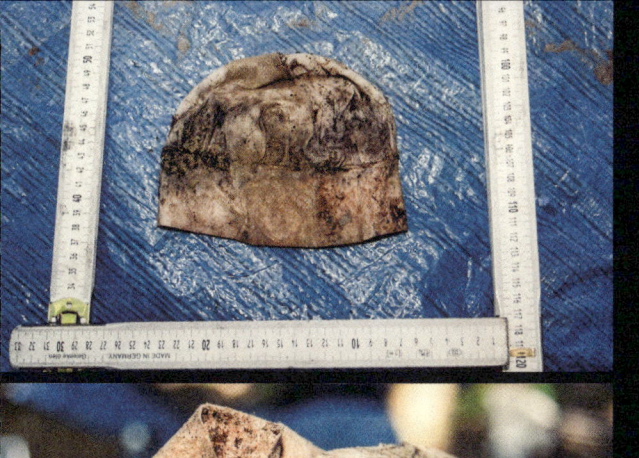

In der Gube liegt auch die Mütze des kleinen Julius

Die gefundenen Gegenstände werden Labor untersucht

Die Lage des Kinder sitzes in der Grube wird dokumentiert

Die Todesursache des Säuglings kann nach so vielen Jahren nicht mehr geklärt werden

DIE TOTE IM SCHRANK

Ulrike S., Ahrensburg, Schleswig-Holstein

Ahrensburg in Schleswig-Holstein. Am 19. Juli des Jahres 1993 kehrt Herbert K.* von einem Kurzurlaub zurück, den er über das Wochenende auf der Ostseeinsel Rügen verbracht hat. Als er zu Hause eintrifft, greift er zum Telefonhörer und versucht, seine Lebensgefährtin Ulrike S.* zu erreichen. Doch auf der anderen Seite der Leitung hebt niemand ab. Als die unzähligen Anrufe von Herbert K. weiterhin ins Leere laufen, beginnt er sich Sorgen zu machen und beschließt, seine Lebensgefährtin aufzusuchen.

Die 49-jährige Ulrike S. ist eine erfolgreiche Geschäftsfrau. Sie lebt mit ihrem 19-jährigen Sohn in einer modern eingerichteten Doppelhaushälfte am Rande der Stadt. Als Herbert K. nur wenig später das Haus betritt, fehlt von seiner Lebensgefährtin jedoch jede Spur. Herbert K. geht hinauf ins erste Stockwerk des Hauses, wo sich Ulrikes Schlafzimmer befindet. Er wirft einen Blick hinein. Sofort fällt ihm das zerwühlte Bett ins Auge, das den Anschein erweckt, Ulrike sei gerade erst aufgestanden.

Die 49-Jährige wird als ordnungsliebend beschrieben. Das eher untypische Verhalten seiner Lebensgefährtin macht Herbert K. stutzig, und er beginnt, sich näher im Schlafzimmer umzusehen. Dabei öffnet er auch den großen Kleiderschrank, der sich über die gesamte seitliche Wandfläche des Zimmers erstreckt. Zunächst kann er nichts Ungewöhnliches feststellen. Als er jedoch auf den Boden des Schrankes blickt, entdeckt er eine rote Hose, die sein Interesse weckt. Einem Instinkt folgend, beugt er sich hinunter, greift in das Innere des Schrankes – und ertastet einen leblosen Körper. Entsetzen breitet sich in ihm aus, als er kurz darauf den Leichnam seiner Lebensgefährtin aus dem Schrank zieht. Ulrike S. ist vollständig bekleidet. Sie trägt eine rote Jeanshose, eine Jacke und schwarze hochhackige Schuhe. Das Gesicht der Toten ist bläulich angelaufen. Zudem deuten

Spuren am Hals darauf hin, dass die 49-Jährige Opfer eines Verbrechens wurde.

Von Panik getrieben, rennt Herbert K. aus dem Haus. Nachbarn verständigen die Polizei, und noch am selben Abend nehmen die Beamten der Mordkommission die Ermittlungen auf. Zunächst versuchen sie herauszufinden, wie der Täter in das Haus gelangen konnte, denn weder an Türen noch an Fenstern lassen sich Einbruchspuren entdecken. Im gesamten Haus finden sich keine Hinweise auf ein mögliches Kampfgeschehen. Nichts wurde durchwühlt oder offensichtlich entwendet, Schubladen und Schränke sind verschlossen. Vonseiten der Polizei kann ein Raubmord zunächst ausgeschlossen werden. Die Ermittler sind davon überzeugt, dass Ulrike S. den Täter selbst ins Haus gelassen hat. Eine sogenannte Bewirtungssituation, die die Beamten im Wohnzimmer vorfinden, deutet sogar darauf hin, dass es sich bei dem Mörder von Ulrike S. möglicherweise um einen Bekannten handeln könnte. Mitten auf einem Tisch stehen ein halb volles Glas Sekt sowie eine Flasche Bier. Mindestens zwei Personen müssen vor der Tat hier gesessen und getrunken haben.

Die spätere Obduktion der Leiche erhärtet den Verdacht der Ermittler, dass Ulrike S. offenbar mit einem langen, weichen Gegenstand stranguliert wurde. Dafür sprechen Spuren im Genickbereich des Opfers sowie ein gebrochener Kehlkopf. Außerdem kann der ungefähre Zeitpunkt der Tat näher bestimmt werden. Zwar wurde Ulrike S. an einem Montag von ihrem Lebensgefährten entdeckt, umgebracht wurde die 49-Jährige dem Bericht der Gerichtsmedizin zufolge jedoch mit hoher Wahrscheinlichkeit in der Nacht von Samstag auf Sonntag. Für diesen Zeitraum spricht auch die Aussage des Lieferanten einer Piz-

zeria, der sich bei der Polizei meldet und angibt, noch am Samstagabend italienische Speisen an die Adresse des Opfers ausgeliefert
zu haben.

An diesem Wochenende – das ergeben die weiteren Ermittlungen der
Beamten – ist Ulrike S. allein in ihrem Haus. Ihr Sohn befindet sich
in einem Zeltlager, ihr Lebenspartner Herbert K. verbringt die Tage
auf der Ostseeinsel Rügen.

Die Kriminalpolizei ermittelt zunächst im privaten und geschäft-
lichen Umfeld des Opfers. Gemeinsam mit einem Partner leitete Ulrike S. bis zu ihrem Tod ein Unternehmen für Oberflächentechnik.
Im Firmengebäude sichten die Ermittler zahlreiche Geschäftsunter-
lagen, befragen Mitarbeiter und Kunden sowie externe Zulieferer.
Auffälligkeiten ergeben sich jedoch nicht. Das Unternehmen steht
finanziell auf sicheren Beinen, mögliche Streitigkeiten mit dem
Geschäftspartner können ausgeschlossen werden.

Im privaten Bereich gilt Ulrike S. als äußerst unternehmenslusti-
ger Mensch. Die als lebensfroh beschriebene Frau hat viele Freunde
und Bekannte. Auch sie werden von der Mordkommission befragt. Unter
ihnen befindet sich Paul A.*, ein Mitarbeiter einer in Hamburg ansässigen Vermögensberatung, der nicht nur ein geschäftliches, sondern
auch ein persönliches Interesse an Ulrike S. gehabt haben soll. Die
Überprüfung des ebenfalls aus Ahrensburg stammenden Mannes ergibt
jedoch keine Ungereimtheiten, die einen Verdacht gegen den 27-Jäh-
rigen rechtfertigen würden. Zudem hat Paul A. für die Tatnacht ein
wasserdichtes Alibi.

Die Ermittlungen der Kriminalpolizei im Fall der getöteten Ulrike S. verlaufen ohne nennenswerte Ergebnisse und werden zunächst auf
Eis gelegt. Vergessen ist das Verbrechen jedoch nie, und so nehmen

sich der Kriminalbeamte Frank Hansen und sein Team von der Mordkommission Lübeck den Fall mehr als zehn Jahre nach der Tat erneut
vor. Als sogenannter Cold Case wird er routinemäßig in Hinblick auf
neue Ermittlungsansätze überprüft. In der Hoffnung, das Verbrechen
nun endlich aufklären zu können, setzt Hansen in diesem Fall auf
die sich im Laufe der Zeit stetig weiterentwickelnde Methode der
DNA-Analysetechnik.

Die Liste der Gegenstände, die nach dem Mord an Ulrike S. im Haus
des Opfers sichergestellt und asserviert wurden, ist lang. Zunächst
werden Spurenträger wie die Opferbekleidung oder Klebefolien, mit
denen der Leichnam seitens der Spurensicherung großflächig abgeklebt
wurde, an die Labore des Landeskriminalamts in Kiel geschickt und
untersucht. Mit Hilfe der Folien können kleinste Spuren, die sich auf
dem Körper des Opfers befinden, aufgenommen und gesichert werden.

Schon nach wenigen Tagen erhält Hansen die Nachricht, dass an der
Jacke, die das Opfer in der Tatnacht trug, eine fremde DNA sichergestellt werden konnte. Die Spur, die in den Augen der Ermittler
möglicherweise tatrelevant sein könnte, wird mit dem Datenbestand
der DNA-Analyse-Datei des Bundeskriminalamts abgeglichen, die die
DNA-Profile Tausender Personen umfasst.

Der Abgleich mit der im Labor sichergestellten Spur ergibt tatsächlich einen Treffer. Es handelt sich um die DNA des Vermögensberaters Paul A., dessen Profil zwei Jahre zuvor in die Analyse-Datei
eingestellt wurde. Er soll seine damalige Lebensgefährtin angegriffen und mit einem Elektrokabel gedrosselt haben. Sie überlebt den
Angriff schwer verletzt. Paul A. wird zu einer Haftstrafe von zwei
Jahren und neun Monaten verurteilt. Bei den Ermittlungen im Fall
Ulrike S. konnte er allerdings ein stichhaltiges Alibi vorweisen.
Zudem besteht die Möglichkeit, dass die DNA-Spur an der Jacke des

Opfers bei einer normalen Begrüßung oder während eines anderen Kontaktes dorthin gelangt sein könnte. Mit dem Mord muss sie nicht zwangsläufig in Zusammenhang stehen.

Hansen und sein Team beschließen, die Kollegen der sogenannten Operativen Fallanalyse in die Ermittlungen miteinzubeziehen. Dabei handelt es sich um eine dem Landeskriminalamt untergeordnete Einheit, die sich unter Beteiligung von Psychologen und Gerichtsmedizinern mit der Neubewertung von Kapitalverbrechen befasst. Ziel ist es, aus einer neutralen und übergeordneten Sichtweise heraus mögliche neue Ermittlungsansätze zu schaffen.

Gemeinsam mit den Ermittlern der Mordkommission Lübeck erarbeiten die Spezialisten der Operativen Fallanalyse Vorschläge, wie im Fall der ermordeten Ulrike S. weiter vorzugehen ist. Die eindringlichen Beratungen führen zu dem Ergebnis, zunächst die Bettwäsche des Opfers erneut auf mögliche Spuren untersuchen zu lassen. Möglicherweise finden sich Anzeichen eines Kampfes oder anderer körperlicher Auseinandersetzungen. Immerhin wurde das Bett von Ulrike S.s Lebensgefährten völlig zerwühlt vorgefunden. Kissen, Decken sowie das Bettlaken lagen durcheinander auf der Matratze. Sollte sich die Vermutung der Ermittler tatsächlich bewahrheiten, wären sehr wahrscheinlich auch an der Bettwäsche DNA-Spuren des mutmaßlichen Täters festzustellen.

Die damals von der Polizei in Tüten verpackte Bettwäsche wird in den Laboren des Landeskriminalamts in Kiel untersucht. Und schon beim Ausbreiten des Kopfkissenbezuges wartet eine Überraschung auf die Experten vor Ort. Inmitten des Stoffes erscheint der schemenhafte Abdruck eines Gesichts. Die Umrisse eines mit Lippenstift bemalten Mundes sind zu erkennen, außerdem ein schwarzer Lidstrich, der an

An der Haustür von
Ulrike S. können
keine Einbruchspuren
festgestellt werden

Die Einkäufe
stehen noch verpackt
auf dem Tisch

Im Wohnzimmer findet
sich eine sogenannte
Bewirtungssituation

An diesem Tisch
hat Ulrike S.
mit ihrem späteren
Mörder gesessen

Flaschen und Gläser
werden von der
Spurensicherung
untersucht

Das Badezimmer ist
entgegen den Gewohn-
heiten des Opfers
nicht gereinigt

Liegen gelassener
Fingernagel des Sohns
von Ulrike S.

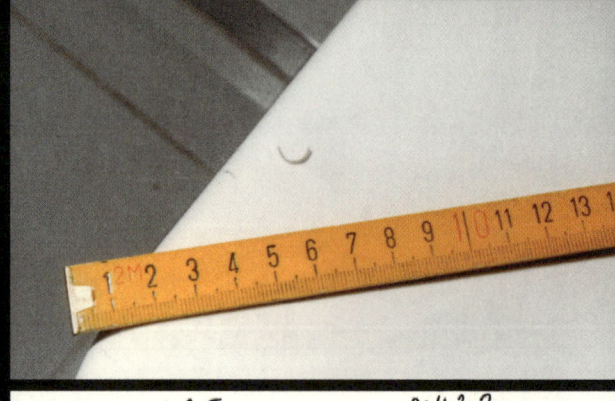

Die Hose des Opfers
wird auf Spuren des
Täters hin untersucht

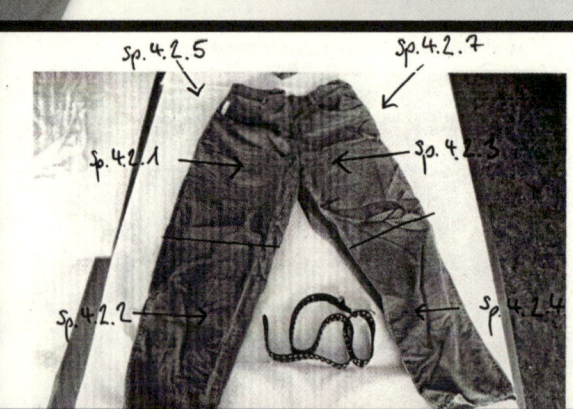

den Augen aufgetragen wurde. Die Experten des LKA sind davon überzeugt, dass es sich um den Gesichtsabdruck der ermordeten Ulrike S.
handeln muss. Vermutlich presste der Täter das Kissen auf das Gesicht
seines Opfers, um es zu ersticken.

Unter höchster Anspannung warten Hansen und sein Team auf die
Ergebnisse des Untersuchungsberichts aus dem Labor. Tatsächlich
gelingt es den Experten des Landeskriminalamts, an der Bettwäsche
eine weitere DNA-Spur zu isolieren. Sie gleicht jener Spur, die zuvor
schon an der Jacke des Opfers gefunden worden war. Es ist die DNA
des Vermögensberaters Paul A.

Nun wird auch die übrige Bekleidung analysiert. An einem Body,
den Ulrike S. trug, werden ebenfalls DNA-Spuren von Paul A. entdeckt.
Die Lage der Spur an der Rückseite des Kleidungsstückes legt die
Vermutung nahe, dass diese nicht zufällig an diese intime Stelle
gelangt sein kann. Doch für den angenommenen Tatzeitraum in der
Nacht von Samstag auf Sonntag hat der damals 27-jährige Paul A. ein
wasserdichtes Alibi. Seine DNA kann also zu diesem Zeitpunkt nicht
an den Tatort gelangt sein.

Die Experten der Operativen Fallanalyse versuchen, eine Erklärung
zu finden. Abermals studieren sie das Gutachten, das im Jahre 1993
von den damaligen Kollegen angefertigt wurde, und kommen zu dem
Schluss, dass der Zeitpunkt des Todes nicht zwangsläufig zwischen
Samstag und Sonntag gelegen haben muss. Ulrike S., da sind sich die
Experten aus heutiger Sicht sicher, könnte auch eine Nacht zuvor ermordet worden sein. Das ergeben zumindest moderne computergestützte
Berechnungen. In dem damaligen Gutachten wurde die Körpertemperatur
der Leiche im Verhältnis zur Raumtemperatur als Grundlage zur Errech-
nung des Todeszeitpunkts herangezogen. Nicht berücksichtigt wurde
die Besonderheit, dass der Leichnam vom Täter in einem geschlossenen

Schrank abgelegt wurde. Möglicherweise hat aber die Tatsache, dass innerhalb des Schrankes veränderte Temperaturbedingungen herrschten, zu ebenjener falschen Annahme hinsichtlich des Todeszeitpunkts geführt.

Sollte der Zeitraum mit den damaligen Methoden tatsächlich falsch berechnet worden sein, die Tat also eine Nacht zuvor, von Freitag auf Samstag, stattgefunden haben, so wäre dies eine spektakuläre Wende in dem Fall. Dafür spricht auch der bei der Obduktion untersuchte Mageninhalt des Opfers. Ulrike S. hatte zuletzt offenbar eine Kartoffelsuppe gegessen, rund vier Stunden vor ihrem Tod. Der Pizzalieferant, der damals ausgesagt hatte, am Samstagabend italienisches Essen in das Haus der 49-Jährigen geliefert zu haben, muss sich demnach geirrt haben. Außerdem konnten zum damaligen Zeitpunkt weder Verpackungen noch Essensreste entdeckt werden, wie sie nach dem Genuss von gelieferten Speisen in der Regel hätten anfallen müssen.

Mordermittler Frank Hansen sucht nun nach handfesten Beweisen, um die Einschätzung der Experten zu untermauern. Immer wieder geht er mit seinem Team und den Kollegen der Operativen Fallanalyse die zahlreichen Berichte und protokollierten Aussagen von damals durch.

Ulrike S. soll noch am Freitag in Hamburg Einkäufe erledigt haben. Handtücher, Servietten und andere Haushaltsgegenstände habe sie dort besorgt. Im Rahmen der sogenannten Tatortbefundaufnahme wurden damals im Haus zahlreiche Fotografien angefertigt. Diese belegen eindeutig, dass die zuvor von Ulrike S. eingekauften Haushaltsgegenstände noch verpackt auf einem der Tische im Wohnzimmer standen. Es hat den Anschein, als sei sie gerade erst nach Hause gekommen. Freunde und Bekannte der damals 49-Jährigen beschreiben sie als sehr ordentliche Person. Einkäufe hätte sie nicht tagelang unberührt einfach im Haus stehen lassen. Hinzu kommt, dass im Badezimmer im ersten Stockwerk abgeschnittene Fingernägel am Rand des Waschbeckens entdeckt wurden. Auch diese konnten anhand der am Tatort angefertigten Fotografien dokumentiert werden. Die Polizei ermittelte damals, dass die Fingernägel vom Sohn des Opfers stammen müssen. Der 19-Jährige war am Freitag zu einem Zeltlager an der Ostsee aufgebrochen. Zuvor hatte er sich noch die Fingernägel geschnitten und die Reste aus Zeitgründen am Waschbeckenrand liegen lassen. Wäre Ulrike S. am Samstag noch am Leben gewesen, davon sind die Ermittler nun überzeugt, hätte sie sicherlich die Einkäufe bereits verräumt und im Badezimmer die Reste der Fingernägel ihres Sohnes entfernt.

Für Hansen und sein Team besteht kein Zweifel mehr, dass das Opfer in der Nacht von Freitag auf Samstag ermordet wurde. Sämtliche Zeugenaussagen, die sich auf den Samstag beziehen, sowie das angeblich lückenlose Alibi von Paul A. sind also hinfällig.

Die Ermittler planen, den Vermögensberater mit den neu gewonnenen Erkenntnissen zu konfrontieren. Doch zunächst überprüft Hansen die damaligen Aussagen, die Paul A. im Jahre 1993 im Beisein der Beamten zu Protokoll gegeben hatte. In den Berichten ist zu lesen, dass er am Freitagabend in einer Nachbargemeinde von Ahrensburg ein Fußballtraining absolvierte. Anschließend sei er zu seiner Schwester gefahren und erst am späten Abend wieder nach Hause zurückgekehrt. Damals wohnte Paul A. zur Untermiete in der Wohnung eines Bekannten.

Seine Aussage wurde vonseiten der Polizei jedoch nie überprüft. Der Freitagabend war aufgrund des offenbar falsch berechneten Todeszeitpunkts für die damaligen Ermittlungen nicht von Belang. Nun aber, viele Jahre nach dem Mord an Ulrike S., befragt Hansen die Schwester des Vermögensberaters. An einen Besuch ihres Bruders kann diese sich nicht erinnern. Im Gegenteil, sie schließt sogar aus, Paul A. an diesem Abend gesehen zu haben. Zwei Stunden will der damals 27-Jährige nach dem Fußballtraining bei seiner Schwester verbracht haben. Sollte seine Aussage jedoch gelogen sein, hätte er genug Zeit gehabt, zum Haus von Ulrike S. zu fahren, die 49-Jährige umzubringen und in die Wohnung seines Bekannten zurückzukehren.

Paul A., der wegen des Übergriffs auf seine Lebensgefährtin derzeit in Haft sitzt, möchte sich zu den neuen Ermittlungsergebnissen nicht mehr äußern. Damals im Jahre 1993 hingegen war er während der Vernehmung gegenüber den Ermittlern noch auskunftsfreudiger. In den Ermittlungsakten ist zu lesen, dass er Ulrike S. immer wieder besucht habe – auch am späten Abend. Ein persönliches Interesse an der Frau stritt er allerdings stets ab. Doch die zahlreichen Berichte, die den Ermittlern vorliegen, zeugen vom Gegenteil.

Ulrike S. und Paul A. lernen sich damals in einem Einkaufszentrum in Hamburg kennen. Nur wenige Stunden später treffen sie sich an einer roten Ampel wieder. Ihre Fahrzeuge stehen zufällig nebeneinander. Paul A. reicht ihr durch das geöffnete Fenster seines Wagens eine Frisbeescheibe mit seiner Telefonnummer in ihr Cabriolet. Von da an haben sie immer wieder Kontakt. Der Vermögensberater findet Ulrike S. attraktiv, schickt ihr des Öfteren Blumen und Postkarten. Der intime Text auf einer dieser Karten, die Paul A. im Frühjahr des Jahres 1993 aus Köln an Ulrike S. schreibt, lässt vermuten, dass er mehr als nur ein geschäftliches Interesse an ihr hat. Ulrike S. genießt es offenbar, umschmeichelt zu werden. Die ihr entgegengebrachten Gefühle erwidert sie jedoch nicht.

Die Beweise gegen Paul A. sind erdrückend. Die DNA-Spuren an den Kleidungsstücken des Opfers und am Kissen, mit dem Ulrike S. vermutlich erstickt wurde, sowie ein fehlendes Alibi für den neu errechneten Tatzeitraum sprechen eine eindeutige Sprache. Dennoch verweigert der Vermögensberater weiterhin jede Aussage. Frank Hansen und sein Team können nur mutmaßen, was sich in der Tatnacht tatsächlich abgespielt hat. In den damaligen Vernehmungen gab Paul A. an, Ulrike S. einen Tag vor dem Mord, also am Donnerstag, das letzte Mal gesehen zu haben. Heute aber ist Hansen davon überzeugt, dass Paul A. am Freitagabend zum Haus seiner Bekannten gefahren ist.

Aus Sicht der Mordkommission legt die aufgefundene Bewirtungssituation im Wohnzimmer die Vermutung nahe, dass A. von dem späteren Opfer hereingebeten wurde. Im Laufe des Abends entschuldigt Ulrike S. sich für einen Moment und geht in ihr Schlafzimmer, das sich im ersten Stockwerk des Hauses befindet. Vielleicht hatte sie vor, sich frisch zu machen oder sich umzuziehen. Paul A. folgt ihr kurze Zeit später und steigt die Treppe hinauf, die zum Schlafzimmer führt. Hier versucht er sich Ulrike S. zu nähern. <u>Möglicherweise hat er ein sexuelles Interesse an ihr.</u> Als sie die Annäherungsversuche jedoch zurückweist, überwältigt er die 49-Jährige. Auf dem Bett kommt es zu einer brutalen Auseinandersetzung, in deren Verlauf Paul A. die Geschäftsfrau stranguliert und sie mit einem Kissen erstickt. Anschließend versteckt er den Leichnam im Schrank und verlässt fluchtartig den Tatort. ███████████████████████████████████ ███████████████████████████ .

Aufgrund der erdrückenden Beweislast wird Paul A. fast zwei Jahrzehnte nach der Tat angeklagt. In dem folgenden Prozess schweigt er jedoch weiterhin beharrlich. Die Richter sehen es allerdings als erwiesen an, dass der Vermögensberater Ulrike S. umgebracht hat. Was genau aber im Haus seiner Bekannten geschehen ist, bleibt sein Geheimnis. Paul A. muss sich am Ende wegen Totschlags verantworten. Das Gericht verurteilt ihn zu einer Gefängnisstrafe von acht Jahren.

Trotz des Gerichtsurteils gegen Paul A. empfinden Mordermittler Frank Hansen und sein Team keinen Triumph – auch wenn der Fall, dessen Aufklärung sich über so viele Jahre hinweggezogen hat, nun endlich zu den Akten gelegt werden kann. Für die Menschen aus dem Umfeld des Opfers aber ist die Verurteilung des Täters nur ein schwacher Trost, vor allem für den Sohn von Ulrike S. Vielleicht mag es ihm nun möglich sein, einen Schlussstrich zu ziehen. Kommissar Hansen ist sich sicher, dass das Verbrechen seine Spuren bei ihm hinterlassen hat. Und auch wenn jetzt endlich Gewissheit darüber besteht, wer der Täter ist, wird ihm das seine Mutter nicht zurückbringen.

Im Kleiderschrank
findet der Lebensge-
fährte des Opfers di
Leiche von Ulrike S.

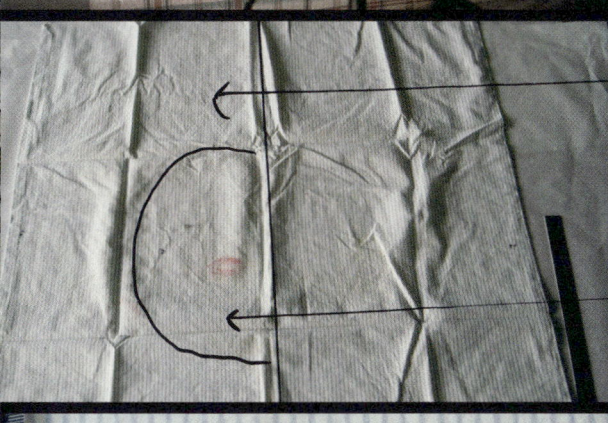

Die Bettwäsche
wird im Labor des
Landeskriminalamts
untersucht

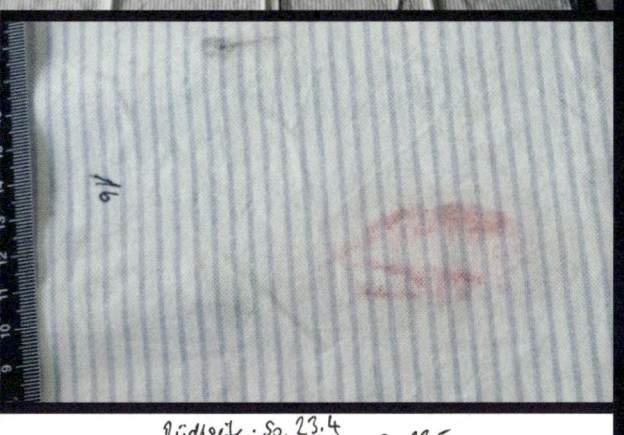

Der Täter presst
das Kissen auf
das Gesicht seines
Opfers, um es zu
ersticken

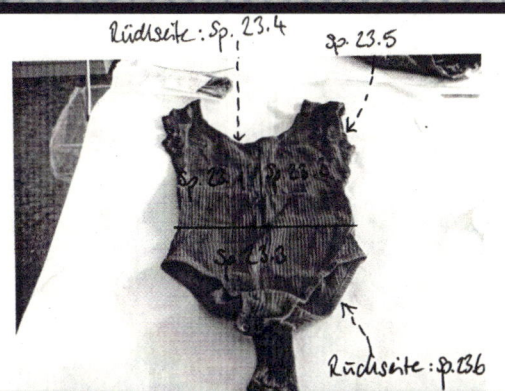

Rückseite: Sp. 23.4   Sp. 23.5

Rückseite: Sp. 136

An der Rückseite des
Bodys wird die DNA
des Täters entdeckt

DER WACHMANN

Carmen K., Oslebshausen, Bremen

Anfang Mai des Jahres 1971 wird im Bremer Ortsteil Oslebshausen auf einer Brachfläche in der Nähe des Bahnhofs die Leiche einer jungen Frau entdeckt. Mit einem Messer wurde dem Opfer mitten ins Herz gestochen. Am Hals sind zahlreiche Blutergüsse zu erkennen, die darauf hindeuten, dass die Frau vor ihrem Tod gewürgt wurde. Was zu diesem Zeitpunkt noch niemand ahnt: Die Ermordung der 17-jährigen Carmen Kampa wird Generationen von Ermittlern über Jahrzehnte hinweg begleiten und für einen der größten Justizirrtümer in der Geschichte Norddeutschlands sorgen.

Die Schuhverkäuferin Carmen Kampa wird am 1. Mai des Jahres 1971 das letzte Mal lebend gesehen. Die junge Frau ist an diesem Samstagabend Gast in der Diskothek »Miramichi« in Oslebshausen. Carmen ist in ihrem Umfeld beliebt, gilt als freundlich und aufgeschlossen. Es ist ein unbeschwerter, fröhlicher Abend, der für die 17-Jährige gegen 23.00 Uhr endet. Carmen muss ihren Zug erreichen, der sie nach Hause zu ihren Eltern in den rund vierzehn Kilometer entfernten Ortsteil Vegesack in Bremen-Nord bringen soll. Sie zieht ihren Mantel an, verabschiedet sich und geht zu Fuß in Richtung des Bahnsteigs, der ganz in der Nähe der Diskothek liegt.

Hier fährt pünktlich um 23.26 Uhr der Zug 4498 ab. Kurz nach Verlassen des Bahnhofs blickt ein Fahrgast zufällig aus dem Fenster seines Abteils. In der Dunkelheit erkennt der junge Mann die Umrisse zweier Personen, die am Bahndamm unterhalb der Gleise in einen Kampf verwickelt zu sein scheinen. Erschrocken öffnet er das Fenster und nimmt die verzweifelten Hilferufe einer jungen Frau wahr. »Bitte nicht! Bitte nicht!«, soll sie immer wieder gerufen haben.

Der Fahrgast beschließt, den Zugbegleiter aufzusuchen und ihn über seine ungewöhnliche Beobachtung zu informieren. Da sich der

Zug bereits wieder in Bewegung befindet, benachrichtigt der Zugbegleiter erst an der nächsten Station die Polizei. Inzwischen
sind rund dreißig Minuten seit der dramatischen Beobachtung des
Zeugen vergangen. Doch die Polizei ist bereits auf dem Weg, denn
ein Ehepaar, das ganz in der Nähe des Bahnhofs lebt, hat durch das
geöffnete Schlafzimmerfenster die Schreie einer Frau gehört und
ebenfalls die Beamten alarmiert. Die Streife, die kurz darauf den
Bahnhof Oslebshausen erreicht, kann allerdings nichts Auffälliges
feststellen. Mit Scheinwerfern wird die Gegend rund um den Bahndamm
weiträumig abgesucht, doch Hinweise auf einen Kampf oder Ähnliches
gibt es nicht.

Zwei Tage später wird auf einer Brachfläche, etwa einhundert Meter
vom Bahnsteig entfernt, eine weibliche Leiche entdeckt. Die junge
Frau wurde vergewaltigt, gewürgt und mit mehreren Messerstichen
umgebracht. Bei der Toten handelt es sich um die 17-jährige Carmen
Kampa aus Bremen-Vegesack.

Noch am selben Tag beginnt die Polizei im Umfeld der nahe gelegenen Diskothek »Miramichi« zu ermitteln. Zeugen werden befragt. Doch
weder die Angestellten der Diskothek noch die am Abend des 1. Mai
anwesenden Gäste können eine Erklärung für das kaltblütige Verbrechen
liefern. Auch die Überprüfung inhaftierter Personen einer Justiz-
vollzugsanstalt in der Nähe des Fundortes führt zu keinem Ergebnis.
Monatelang werden Schwerverbrecher wie Mörder und Vergewaltiger
befragt, Freigänger werden überprüft. Doch auch hier ergibt sich
keine heiße Spur.

Dann allerdings erhält die Polizei einen Hinweis auf eine Si-
cherheitsfirma, die sowohl den Bahnhof selbst als auch die Unter-
nehmensgebäude eines angrenzenden Gewerbegebiets überwachen soll.

Die Beamten erfahren, dass in jener Nacht ein Mitarbeiter des Sicherheitsdienstes mit einem Mofa das Gebiet durchstreifte, um in der Dunkelheit nach dem Rechten zu sehen. Um seinem Arbeitgeber zweifelsfrei belegen zu können, dass er tatsächlich vor Ort war, musste der Wachmann Hermann R. die verschiedenen Stechuhren in den jeweiligen Unternehmen bedienen. Die Tatsache, dass eines dieser Unternehmen in unmittelbarer Nähe zu jenem Ort liegt, an dem ein Fahrgast aus einem Zug heraus einen Kampf beobachtet haben will, rückt den Wachmann zunehmend in den Fokus der Ermittler.

Die Polizei findet heraus, dass Hermann R. in der Nacht, in der Carmen Kampa umgebracht wurde, nur vertretungsweise unterwegs war. Er hatte den Nachtdienst eines Arbeitskollegen übernommen. Die anschließende Befragung des Wachmanns birgt jedoch eine Überraschung für die Ermittler. Offensichtlich hat Hermann R. für die Tatnacht ein Alibi. Er gibt an, regelmäßig die Stechuhren der jeweiligen Unternehmen zu manipulieren, um nachts schlafen zu können, statt seiner Arbeit nachzugehen. Auch in jener Nacht will der Wachmann in einem Firmengebäude rund einen Kilometer vom mutmaßlichen Tatort entfernt geschlafen haben. Die anschließende Überprüfung durch die Beamten ergibt, dass die Stechuhr besagter Firma um 23.48 Uhr betätigt wurde. Und auch die Gegenüberstellung des Wachmanns mit dem Zeugen aus dem Zug verläuft ergebnislos.

In den Augen der damaligen Ermittler hat Hermann R. ein stichhaltiges Alibi. Der anfängliche Verdacht gegen den Wachmann läuft ins Leere und wird zu den Akten gelegt.

Nach dem Verlassen der Diskothek »Miramichi« muss Carmen Kampa auf ihrem Weg zum Bahnhof an mehreren Gaststätten vorbeigekommen sein. Die Polizei setzt ihre Hoffnung nun auf die Befragung möglicher

Zeugen, die in der Nacht des Mordes in den verschiedenen Lokalitäten anwesend waren. Und tatsächlich stoßen die Beamten in der Gaststätte »Zum Bahnhof« auf eine Wirtin, die in der Tatnacht eine interessante Begegnung hatte. Die Wirtin berichtet von einem ihr unbekannten Mann, der in ihrem Lokal gesessen und sich betrunken habe. Als er die zuvor verzehrten Getränke jedoch nicht bezahlen konnte, habe er ihr seinen Autoschlüssel als Pfand zur Aufbewahrung gegeben. Daraufhin habe der betrunkene Gast das Lokal verlassen. Es seien drei Monate vergangen, in denen der Mann weder die Zeche bezahlt noch den Schlüssel seines Wagens abgeholt habe.

Es dauert beinahe zwei Jahre, bis die Identität des fremden Mannes schließlich ermittelt werden kann. Es handelt sich um den Bauarbeiter Otto B., der wegen Autodiebstählen schon mehrfach im Gefängnis saß. B. kann gegenüber den vernehmenden Beamten nicht widerlegen, sich in der Mordnacht in der Nähe des Tatorts aufgehalten zu haben. Der alkoholkranke Mann verstrickt sich in Widersprüche und gerät bei den Ermittlern zunehmend unter Verdacht, etwas mit dem Mord an Carmen Kampa zu tun zu haben. Und obwohl Otto B. immer wieder beteuert, Frauen gegenüber kein sexuelles Interesse zu haben, da er homosexuell sei, wird er angeklagt. Die Beweislage ist dürftig. Viele Aspekte des Mordes sprechen gegen eine Täterschaft B.s. Dennoch wird der damals 37-Jährige am 14. Januar 1975 wegen Mordes an Carmen Kampa zu einer Haftstrafe von zwölf Jahren und drei Monaten verurteilt.

Der renommierte Strafverteidiger Heinrich Hannover, der Otto B. während des Prozesses vertritt, ist davon überzeugt, dass sein Mandant zu Unrecht verurteilt wurde. Hannover geht davon aus, dass B. den Verhörmethoden der Polizei schlicht nicht standhalten konnte. Ab

einem gewissen Punkt der Vernehmung wollte er es den Beamten vermutlich nur noch recht machen. Später wird Otto B. in einem Interview
erzählen, dass er den raffinierten Fragen nicht gewachsen gewesen
sei.

Heinrich Hannover gibt nicht auf. Und tatsächlich findet der
erfahrene Strafverteidiger einen Verfahrensfehler, der zu einer
Revision des Falls führt. Es stellt sich heraus, dass das Schwurgericht während des Prozesses gegen Otto B. falsch besetzt war. Einer
der Schöffen hätte zum damaligen Zeitpunkt gar nicht miturteilen
dürfen. Er saß anstelle seiner Ehefrau im Gerichtssaal.

Der Fall muss neu verhandelt werden. Diesmal wird B. aufgrund
mangelnder Beweise für seine Täterschaft freigesprochen und aus der
Haft entlassen. Er saß unschuldig im Gefängnis.

Dieser handfeste Justizskandal bleibt auch vor Uwe Picard nicht
verborgen. Der heutige Staatsanwalt ist damals Schüler der Oberstufe
eines Gymnasiums in Bremen. Gemeinsam mit seinen Klassenkameraden
verfolgt er in den 1970er Jahren die Anklage und den folgenden Prozess gegen Otto B. Wie viele andere ist auch Picard damals davon
überzeugt, dass es sich bei B. nicht um den Täter handeln könne. Die
Strategie der Verteidigung imponiert dem Schüler, und so beschließt
er, selbst mit dem Jurastudium zu beginnen.

Jahrzehnte später geschieht etwas, womit Picard niemals hätte
rechnen können. Die Ermittlungsakten des bis dahin als ungeklärt
geltenden Mordes an Carmen Kampa landen nach über dreißig Jahren auf
seinem Schreibtisch. Picard arbeitet inzwischen als Staatsanwalt
und ist unter anderem für die Bearbeitung sogenannter Cold Cases
zuständig.

Picard ist elektrisiert. Er hält die alten Akten jenes Falls in

Unterhalb des Bahn-
damms fällt der Täter
über Carmen Kampa her

Die Leiche wird
etwa hundert Meter
entfernt entdeckt

Ermittler untersuchen
das Gebiet rund um
den Bahndamm

Am Tatort wird
das Taschentuch des
Täters gefunden

Händen, wegen dem er selbst zum Juristen geworden ist. Gemeinsam mit zwei Beamten der Polizei studiert Picard Vernehmungsprotokolle, liest den damaligen Schriftwechsel und versucht anhand der ihm vorliegenden Aktenlage neue Ermittlungsansätze zu finden, die ihn zum wahren Täter führen könnten. Und es dauert nicht lange, da stoßen die Ermittler auf einen alten Bekannten: den Wachmann Hermann R., der damals kurzzeitig in den Fokus der Ermittlungen geriet und befragt wurde. Zur Tatzeit will Hermann R. jedoch in einem rund einen Kilometer vom Tatort entfernten Firmengebäude geschlafen haben. Die Stechuhr, die der Wachmann um 23.48 Uhr betätigte, werteten die damaligen Beamten als Bestätigung seines angeblichen Alibis. Aus den Akten geht allerdings die Zeugenaussage eines Ehepaars hervor, das gegen 0.30 Uhr einen Mann gesehen haben will, der entlang des Bahndamms mit einem Mofa unterwegs gewesen sei.

Picard und die Ermittler der Polizei ziehen in Betracht, dass es sich bei der von den Zeugen beschriebenen Person um den Wachmann Hermann R. handeln könnte, dessen Aussage, während der Tat geschlafen zu haben, möglicherweise gelogen ist. Sie beginnen damit, jenen Weg zu rekonstruieren, den R. laut Dienstplan in der Tatnacht mit seinem Mofa hätte zurücklegen müssen, wenn er seine Tour durch das Gewerbegebiet ordnungsgemäß durchgeführt hätte. Dabei stoßen sie auf ein unglaubliches Detail. Um 23.26 Uhr beobachtet ein Zeuge aus einem abfahrenden Zug einen Kampf zwischen zwei Personen unterhalb des Bahndamms. Genau zu diesem Zeitpunkt hätte der Wachmann laut Dienstplan in einem nur wenige Meter entfernten Firmengebäude eine Stechuhr betätigen müssen. Das hat er aber nicht getan. Die Ermittler vermuten, dass er zu dieser Zeit stattdessen auf Carmen Kampa stößt und über sie herfällt.

Für die Vermutung der Ermittler spricht auch ein am Bahndamm

offenbar achtlos weggeworfenes Stofftaschentuch. Staatsanwalt Picard entdeckt es in einer Auflistung jener Gegenstände, die nach
dem Mord an Carmen Kampa am Bahndamm sowie am Fundort der Leiche
sichergestellt und asserviert wurden. Und schon damals konnte das
Taschentuch von der Ehefrau des Wachmanns eindeutig als seines
identifiziert werden.

Das scheinbar wasserdichte Alibi, das den Wachmann im Jahre 1971
entlastet hat, erscheint den Ermittlern aus heutiger Sicht nicht
mehr haltbar. Um 23.48 Uhr betätigte Hermann R. die Stechuhr eines
rund einen Kilometer vom Tatort entfernten Firmengebäudes. Mehr
als zwanzig Minuten nach dem Mord. Genug Zeit, um Carmen Kampa zu
vergewaltigen und umzubringen. Die Ermittler des Jahres 1971 sahen
dies jedoch anders, wodurch Hermann R. damals entlastet wurde.

Und noch eine weitere Entdeckung lässt Picard stutzig werden.
Unmittelbar neben dem Stofftaschentuch des Wachmanns wird eine
Fahrkarte sichergestellt, die in dieser Form auch von Carmen Kampa
hätte benutzt worden sein können: Eine einfache Fahrt von Bremen-
Nord nach Oslebshausen ist gestempelt, die Rückfahrt jedoch ist noch
offen. Die Ermittler vermuten, dass die Fahrkarte der jungen Frau
während des Kampfes mit ihrem Mörder aus der Tasche gefallen sein
muss. Neben das Taschentuch des Wachmanns.

Der Verdacht gegen Hermann R. erhärtet sich zunehmend, doch es
fehlt weiterhin ein handfester Beweis. Um sich ein genaues Bild der
damaligen Umstände machen zu können, versuchen Staatsanwalt Picard
und sein Team anhand der Aktenlage und der vorliegenden Indizien zu
rekonstruieren, was sich in der Tatnacht abgespielt haben könnte.

Carmen Kampa, da sind sich die Ermittler inzwischen sicher, verlässt für einen kurzen Moment den Bahnsteig, um auszutreten. Auf der

Suche nach einer geeigneten Stelle steigt sie unterhalb der Gleise die nur schwach beleuchtete Böschung hinab. Zur selben Zeit muss ganz in der Nähe der Wachmann Hermann R. mit seinem Mofa unterwegs gewesen sein. Das ergibt die Befragung von Mitarbeitern des Sicherheitsdienstes, bei dem er angestellt war. In der Dunkelheit treffen Carmen und der Wachmann schließlich aufeinander. Hermann R. überwältigt die junge Frau und vergewaltigt sie.

Beinahe zeitgleich, gegen 23.26 Uhr, verlässt der Zug 4498 Richtung Bremen-Nord den Bahnhof Oslebshausen. Aus dem geöffneten Fenster des Zuges beobachtet ein Zeuge das Geschehen am Bahndamm. Er vernimmt laute Hilferufe und informiert daraufhin den Zugbegleiter. Hermann R. muss also davon ausgehen, entdeckt worden zu sein und dass schon bald die Polizei vor Ort sein wird. Er tötet Carmen Kampa und sucht anschließend nach einem Versteck, in dem er den Leichnam der jungen Frau unterbringen kann. Die Zeit drängt – jeden Moment erwartet der Wachmann das Eintreffen der Polizei.

Aus den Aufzeichnungen der damaligen Ermittler geht hervor, dass Hermann R. im Besitz zahlreicher Schlüssel ist, die ihm einen ungehinderten Zugang zu den angrenzenden Firmengebäuden des Gewerbegebiets ermöglichen. Der Staatsanwalt vermutet, dass der Wachmann die Leiche von Carmen Kampa nach dem Mord in einem der nahe gelegenen Gebäude versteckt. Dafür sprechen auch mehrere Faserspuren, die später an den Strümpfen des Opfers entdeckt werden. Eine Erklärung für diese Spuren finden die ermittelnden Beamten damals nicht. Heute aber, mehr als dreißig Jahre später, hält Picard es für sehr wahrscheinlich, dass die Fasern von einem Teppich aus einem der Firmengebäude stammen, in dem die Leiche vom Wachmann vermutlich »zwischengelagert« wurde.

Nachdem Hermann R. sein Opfer versteckt hat, fährt er mit seinem

Mofa zu jener Firma, in der er angeblich geschlafen haben will. Um 23.48 Uhr betätigt er die Stechuhr und fährt anschließend wieder zurück in Richtung des Tatorts. Auf dem Weg dorthin wird er eine halbe Stunde nach Mitternacht von Zeugen beobachtet. Sie geben an, einen Mann auf einem Mofa gesehen zu haben, der auf einer dunklen Straße entlang der Böschung unterwegs gewesen sein soll. Hermann R. vergewissert sich, dass keine Gefahr mehr besteht, von der Polizei entdeckt zu werden. Er holt den Leichnam aus dem Versteck, um ihn anschließend im hinteren Teil des Gewerbegebiets auf einer Brachfläche abzulegen. Hier wird der leblose Körper Carmen Kampas zwei Tage später entdeckt.

Der Wachmann Hermann R. kann zu all dem jedoch nicht mehr befragt werden. Im Jahre 2003 ist er bereits gestorben. Seine Ehefrau ist allerdings noch am Leben. Die Ermittler nehmen Kontakt zu ihr auf, und sie willigt ein, mit ihnen über Hermann R. und ihr gemeinsames Leben zu sprechen.

Die Ehefrau kann sich noch gut an die damaligen Ermittlungen gegen ihren Mann erinnern. Auch an das Stofftaschentuch, das nach dem Mord am Bahndamm gefunden wurde. Das Taschentuch habe eindeutige »Flickstellen« aufgewiesen. Daher habe sie es Hermann R. zweifelsfrei zuordnen können. Da Carmen Kampa vor ihrem Tod vergewaltigt worden war, will Picard mehr über die Persönlichkeit des Wachmanns erfahren. Hermann R., so gibt die Ehefrau bereitwillig Auskunft, sei brutal gewesen, habe sie immer wieder zum Sex gezwungen und vergewaltigt. Der Akt selbst habe nie sehr lange gedauert. Ein Detail, das die These der Ermittler unterstützt, wonach der Wachmann sein Opfer in kürzester Zeit vergewaltigt und ermordet hat.

Die Aussagen der Ehefrau geben Picard und seinem Team wichtige Hinweise darauf, was damals am Bahndamm geschehen sein könnte. Doch immer noch fehlen Beweise, die die Schuld des Wachmanns eindeutig belegen.

Picard ist davon überzeugt, dass Hermann R. die Tote in einem nahe gelegenen Firmengebäude versteckt hat. Doch laut der Ermittlungsakten finden sich am Tatort keinerlei Schleifspuren, die dafürsprechen, dass der Leichnam Carmen Kampas bewegt wurde. Aus seiner Zeit beim Rettungsdienst weiß Picard, dass ein lebloser Körper, ganz gleich ob tot oder bewusstlos, besonders schwer zu bewegen ist, da ihm jegliche Körperspannung fehlt. Den Leichnam vom Tatort wegzutransportieren hätte eine gewisse Körperkraft und Übung seitens des Wachmanns erfordert. Picard erfährt allerdings, dass Hermann R. vor seiner Zeit bei dem Sicherheitsdienst in einem Schlachthof gearbeitet hat. Hier bestand seine tägliche Aufgabe darin, Schweinehälften durch die Produktionshallen zu tragen. Physisch wäre es ihm zweifelsohne möglich gewesen, den leblosen Körper davonzutragen.

Und dass Carmen Kampa beim Ablegen bereits tot oder bewusstlos gewesen sein muss, davon ist Picard nach der Sichtung des Bildmaterials vom Fundort der Leiche überzeugt. Auf den Fotografien fällt dem Staatsanwalt zunächst eindeutig die Lage des Leichnams ins Auge. Das Opfer liegt auf dem Rücken. Ein Arm ist nach oben hin angewinkelt. Kopf und Oberkörper sind leicht zur Seite geneigt. Der Täter muss die Leiche auf seinen Schultern umhergetragen haben, um sie anschließend auf dem Brachgelände abzulegen.

Die bisher gesammelten Indizien, die körperliche Konstitution des Wachmanns sowie seine Persönlichkeit deuten darauf hin, dass es sich bei dem Verdächtigen tatsächlich um den gesuchten Täter handeln könnte. Um dies aber beweisen zu können, muss Staatsanwalt Picard seine Theorie mit konkreten Ergebnissen untermauern.

Aus den Ermittlungsakten geht hervor, dass an den Kleidungsstücken Carmen Kampas Spermaspuren entdeckt worden waren. Im Jahre 1971 konnten die Experten der Kriminaltechnik daraus nur eine Blutgruppe generieren. Eine DNA-Analyse der gesicherten Proben, die den Täter eindeutig hätte identifizieren können, war zum damaligen Zeitpunkt nicht möglich. Die isolierte DNA könnte heute jedoch den ersehnten Beweis für die Schuld des Wachmanns liefern.

Picard macht sich auf die Suche nach den asservierten Kleidungsstücken des Opfers, um sie nochmals auf mögliche Spuren untersuchen zu lassen. Doch seine Hoffnungen werden enttäuscht. Anfang der 1990er Jahre wurden auf Verfügung des damals verantwortlichen Staatsanwalts sämtliche Asservate vernichtet.

Wieder stehen die Ermittler mit leeren Händen da. Die Bemühungen in dem Fall drohen zu scheitern, bis Picard in den Akten auf einen interessanten Hinweis stößt, der neue Hoffnung weckt. In den ihm vorliegenden Schriftstücken werden Haarproben erwähnt, die damals am Mantel des Opfers gesichert werden konnten. Diese wurden für eine nähere Untersuchung an das Bundeskriminalamt in Wiesbaden geschickt. Im Gegensatz zu den anderen Asservaten könnten die Proben dort möglicherweise einer Vernichtung entgangen sein. Eine Anfrage beim Bundeskriminalamt ergibt, dass die Haare tatsächlich noch vorhanden sind und einer erneuten Auswertung zur Verfügung stehen.

Der Staatsanwalt lässt die Proben nach Bremen schicken, um sie näher untersuchen zu lassen. Die anschließende Nachricht aus dem Labor gleicht einem Paukenschlag: Den Experten ist es gelungen, anhand der sichergestellten Haarproben die DNA einer unbekannten männlichen Person zu isolieren. Picard aber weiß, dass er erst dann einen Beweis in Händen hält, wenn es tatsächlich gelingt, die im Labor generierte DNA mit der des Wachmanns abzugleichen. Doch Hermann R. ist schon seit vielen Jahren nicht mehr am Leben. Den Ermittlern gelingt es allerdings, die Schwester des Wachmanns ausfindig zu machen und sie um eine Speichelprobe zu bitten. Sie willigt ein.

Der anschließende Abgleich im Labor kommt zu dem Ergebnis, dass die zuvor aus den Haaren isolierte DNA mit der Erbinformation der Schwester übereinstimmt. Mindestens eine der am Mantel des Opfers sichergestellten Haarproben stammt somit eindeutig von Hermann R. Für die Ermittler gibt es nun keinen Zweifel mehr, dass es sich bei dem Wachmann um den Mörder der 17-jährigen Carmen Kampa handelt.

Noch bevor die Öffentlichkeit davon erfährt, besucht der Staatsanwalt mehr als dreißig Jahre nach der Ermordung Carmen Kampas die Hinterbliebenen der jungen Frau. Er will sie über den Ermittlungserfolg informieren. In dem beinahe zweistündigen Gespräch ist für Picard deutlich zu spüren, wie ergriffen die Angehörigen sind, als sie endlich erfahren, wer Carmen umgebracht hat. Die Tat selbst erscheint so präsent wie am ersten Tag. Picard glaubt, eine gewisse Erleichterung erkennen zu können - und große Dankbarkeit für die Beharrlichkeit, mit der die Ermittlungen zu einem Ende geführt wurden.

Der Mord an Carmen
Kampa erregt
großes öffentliches
Interesse

Aus einem Zug
heraus beobachtet
ein Fahrgast den
Kampf zwischen
Täter und Opfer

Diesen Weg legt der
Wachmann Hermann R.
während seiner
Dienstzeit zurück

In einem dieser
Firmengebäude
versteckt der Täter
vermutlich das Opfer

INTERVIEW

mit Mordermittler Wolfgang Metzger

Wolfgang Metzger, 64 Jahre, fing nach dem Abitur an, als Streifen-
polizist zu arbeiten. Heute ist er Erster Kriminalhauptkommissar
im Karlsruher Dezernat 1.1 »Leben/Schwere Rohheitsdelikte« und er-
mittelt seit über dreißig Jahren, wenn in Karlsruhe und Umgebung
jemand getötet wird. Sascha Lapp und David Sarno stand er für dieses
Buch Rede und Antwort.

Herr Metzger, Sie sind seit über dreißig Jahren Mordermittler. Hat
sich Ihre Arbeit in dieser Zeit verändert?
Eher nein. Wir arbeiten in einem Feld, in dem es um den Menschen geht.
Es geht nicht darum, einen Tresor zu knacken, oder um einen Betrüger,
der ein ganzes System aushebelt. Wir kommen dann ins Spiel, wenn
zwei Menschen aufeinandertreffen, wenn etwas Schlimmes geschieht,
jemand schwer verletzt wird oder zu Tode kommt. Der Mensch ist eben
das einzige Wesen auf der Welt, das aus Motiven tötet, die man in der
Natur sonst so nicht kennt. Liebe und Hass sind starke Triebfedern,
Habgier und sexuelle Triebbefriedigung. Diese Grundmotive haben sich
in den letzten siebenunddreißig Jahren eigentlich nicht verändert.

Inwieweit hilft Ihnen und Ihren Kollegen der technische Fortschritt
bei der Suche nach dem Täter?
Natürlich haben Technik und Wissenschaft Fortschritte gemacht: In
den 1990er Jahren kam unser Paradebeweismittel hinzu, die DNA-Analyse. Diese ermöglicht uns, sehr zielorientiert und sehr genau zu
arbeiten – und auch mit der Gewissheit, dass wir, wenn unsere Kriminaltechniker eine DNA am Tatort gefunden haben, uns auch sicher
sein dürfen, wen wir suchen, und wenn wir den Täter haben, ihm auch
nachweisen können, dass er es war.

Neben der Kriminaltechnik hat der Fortschritt auch in anderen Bereichen Einzug gehalten – es gibt zahllose Internetplattformen und Social-Media-Kanäle. Können Sie davon profitieren, oder erschwert das Ihre Arbeit auch in Teilen?

Ich bin ja zu einer Zeit in den Beruf eingestiegen, da gab es noch keine Handys, da gab es keine E-Mails, da waren Radio, Zeitung und gedruckte Flyer die gängige Form der Fahndungsmaßnahmen und der Öffentlichkeitsarbeit. Wenn man das mit heute vergleicht, ist das gigantisch, was da passiert ist. Die Medienwelt hat sich wahnsinnig verändert. Wenn etwas geschieht, sind die Medien in vielfältiger Weise oft sogar schneller als wir vor Ort. Erkundigen sich aus ihrer Sicht bei verschiedenen Leuten, die auch für unsere Ermittlungen wichtig sein könnten. Insofern sind sie natürlich auch Störfaktoren, die es so früher nicht gab.

Seit mehr als dreißig Jahren jagen Sie Mörder und Gewaltverbrecher – was treibt Sie auch nach so vielen Jahren noch an?

Die Arbeit mit Menschen – mich in andere hineindenken zu müssen. Für mich gilt der berühmte Satz: »Es gibt nichts, was es nicht gibt.« Die Bereitschaft zu haben, auch Gedanken zuzulassen, bei denen andere sagen: »Das kann gar nicht sein!« Das Sich-Annähern an einen Täter, um dann in einer Vernehmung so zueinanderzufinden, dass man offen über die Tat sprechen kann. Das ist nicht nur ein besonderes Erlebnis – das ist die Krönung der Arbeit, wenn man ein Geständnis bekommt.

Gerade der Umgang mit den Angehörigen ist ja auch ein sehr emotionaler Bereich. Es geht um Menschen, die jemanden verloren haben – eine Tochter, einen Vater, eine Ehefrau. Wie gehen Sie an so eine

Situation heran, wenn Sie wissen, Sie müssen eine solche Nachricht
überbringen? Sind Sie und Ihre Kollegen auf so etwas geschult?
Wir treten immer auf der Seite der Opfer und ihrer Angehörigen an.
Ich bin wirklich erfahren in Situationen, in denen sich für eine
Familie alles verändert. Nichts ist mehr, wie es war. Und in diesen
Situationen sind wir meist die Ersten, die an die Familien herantreten
und die dann dazugehören. Die Ersten, an die sie sich wenden, von
denen sie sich Hilfe erhoffen. Gerade im Umgang mit den Angehörigen
hat sich in den Jahren vieles getan. In meiner Anfangszeit waren das
Situationen, die nicht so geübt waren, die mit einer gewissen Härte
oder Unpersönlichkeit an die Hinterbliebenen herangetragen wurden.
Mittlerweile gibt es den sogenannten Kriseninterventionsdienst oder
auch Seelsorger – das sind überwiegend Ehrenamtliche aus dem theo-
logischen oder ärztlichen Bereich, die uns begleiten, wenn es darum
geht, eine Todesnachricht zu überbringen.

Oft ziehen sich Ermittlungen ja über Monate oder Jahre hin. Baut man
als Kommissar während dieser Zeit auch eine emotionale Beziehung zu
den Hinterbliebenen, den Angehörigen auf?
Ja, so ist es. Wir ermitteln ja in einem Team, und ein Teil dieses
Teams übernimmt dann die Aufgabe der Familienbetreuung. Da geht es
dann weniger um die Trauerbewältigung als vielmehr um Fragen, die
die Familie selbst betreffen. Da kann es um die finanzielle Situation
gehen, Kontobewegungen, um das Auto oder um das Opfer selbst. Auch
ich war als Ermittler schon Teil eines solchen Teams. Da habe ich
gemerkt: Das bindet schon. Man muss dann natürlich aufpassen, dass
man nicht zu sehr vom Mitleid gepackt wird oder von der Sorge um die
Familie. Es geht immer darum, die Spur zu halten. So zu handeln,
wie es für das Verfahren nötig ist. Das widerspricht manchmal dem,

was die Familie selbst für nötig erachtet. Es gibt Kollegen, die diesen Hilfsaspekt nicht mehr ausschalten können – dann wird die Sache zur Belastung.

Wie schwer ist es, bei einem Mord den Abstand zum Täter zu wahren, wenn er gefasst wird? Man kennt auf der einen Seite die Familie, mit der man während der Ermittlungen eng verbunden ist – kann man dem Täter dann überhaupt noch »neutral« gegenübertreten?

Man muss natürlich schon in sich hineinhören. Wenn man im Team arbeitet, muss man darauf achten, wen man die Vernehmung führen lässt. Wenn ich die Vernehmung mache, bin ich dabei wirklich offen und achte in dem Moment auch auf den Menschen, der vor mir sitzt. Man muss unterscheiden: Dem kaltblütigen Profikiller trete ich anders gegenüber, wenn ich ihm begegne. Aber in der Regel hat sich etwas abgespielt, das eine Tragödie ist. Ich muss mich in der Vernehmung in eine Position versetzen, die es dem Gegenüber und mir erlaubt, ins Gespräch zu kommen.

Das Herantreten an solch eine Person, die ein Verbrechen verübt hat, ist für mich insofern eine Herausforderung, als dass ich mich als Ermittler mit meiner Erfahrung so weit im Griff haben muss, dass derjenige, der mir gegenübersitzt, zumindest die Möglichkeit hat, sich mit mir zu unterhalten. Ich kann nicht in das Gespräch reingehen und den Täter mit Vorwürfen konfrontieren. Er weiß, dass er etwas Schlimmes gemacht hat – ich weiß es auch. Das gilt es einfach auszublenden, damit man einen Rahmen hat.

Spricht man in der ersten Vernehmung dann sofort über die Tat und über das, was geschehen ist?

Das kann unter Umständen Stunden oder Tage dauern. Oft spricht man zunächst über alles Mögliche, nur nicht über die Tat selbst. Aber dieses Gespräch führt natürlich zu einer Annäherung.

Wie muss man sich das vorstellen? Wie kommen Sie an den Täter heran? Wie bringen Sie ihn so weit, alle Details, die für eine spätere Verurteilung wichtig sind, preiszugeben?
Wir reden beispielsweise über den Täter als Person – man kann aber auch über mich reden. So eine Gesprächssituation, die dann in ein Geständnis münden soll, ist immer ein Geben und Nehmen, ein gegenseitiges Abchecken, ein Vorfühlen. So wie ich weiß, wenn er lügt, spürt er, wenn ich lüge. Ich muss dabei auch bereit sein, etwas von mir preiszugeben, damit er spürt, dass ich bei ihm bin. Das ist so eine Annäherung, die immer intensiver wird. Ich merke auch schnell, wenn er eine Antwort nicht gibt, und kann daraus meine Schlüsse ziehen. An welcher Stelle schweigt er? Ich bin dann nicht derjenige, der dieses Schweigen bricht, sondern ich merke es einfach.

Und dann spricht man über sein heutiges Leben. Ist er allein oder nicht, was arbeitet er? Stück für Stück geht man zeitlich zurück und nähert sich der Tat an. Wenn man dann aber merkt, er ist noch nicht so weit, er weicht den Fragen aus – nach mehreren Stunden Gespräch spürt man das einfach –, dann überspringen wir die Tat und gehen weiter in seinem Leben zurück. In seine Jugendzeit, in seine Schulzeit, bis zum Kindergarten, wenn es sein muss.

Es kann auch sein, dass wir während des Gesprächs bemerken, dass wir auch Gemeinsamkeiten haben. Vielleicht haben wir beide in der Jugend Handball gespielt. Dann gelange ich über den Sport in sein Leben hinein. Ich erfahre, wie es war, wie es ihm ging, und auf diese Weise kommen wie wieder zurück zur eigentlichen Tat. Wenn aber auch das nicht funktioniert, der Täter ins Stocken gerät, dann gehe ich wieder über die Tat hinweg, und wir reden über das Leben, das er heute führt.

Irgendwann aber ist dann ein Moment erreicht, in dem nur noch das übrig bleibt, worüber wir eigentlich sprechen sollten – die Tat. Und mit diesem Geben und Nehmen, mit diesem Sich-Austauschen, kommt dann irgendwann tatsächlich mal der Moment, da ist alles weggeräumt, da ist nichts Störendes mehr. Das kann mehrere Stunden dauern. Das kann nachts um vier sein, egal. Das merkst du gar nicht mehr als vernehmender Beamter. Da gibt es dann eine sehr auffällige innere Ruhe. Ich merke, dass ich nicht mehr taktieren muss. Jetzt ist es so weit. Ich weiß dann: Jetzt kommt er.

Das kann mit einem tiefen Seufzer beginnen oder mit einem »Ich kann dir sagen: Ich hab's nicht gewollt!«. Und dann sind wir für einen ganz kurzen Zeitraum weg von allem. In diesem Zimmer, wo es geschah. Und der Täter redet über das, was er getan hat. Er beschreibt eine Handlung wie »Ich nahm das Messer und stach es ins Herz, sodass ich noch den Herzschlag auf der Klinge spüren konnte«. Um das mal wirklich so krass auszudrücken: Wir reden darüber, als würden wir über ein Kochrezept sprechen. Völlig stressfrei. Ganz ruhig. Das ist ein Zeitfenster von zwei Minuten. Dann kommt schließlich der Gedanke, dass ich jetzt noch dies oder jenes wissen müsste, oder er merkt: »Ich mag nicht mehr«, und dann entfernt man sich wieder aus diesem Moment. Dann versucht man noch nachzufragen, aber das war's. Ich bin dann wieder der Ermittler. Irgendwann endet die Vernehmung.

Zu erfahren, was sich vor und während der Tat abgespielt hat, ist zum einen wichtig für die Beweisführung, für die Verurteilung – die Angehörigen aber wollen doch sicher auch wissen, was geschehen ist? Ich mache das auch und vor allem vor diesem Hintergrund. Nicht nur

für das Verfahren, für den Staatsanwalt oder den Richter, sondern auch für die Angehörigen. Auch sie sollen hinterher wissen, was wirklich passiert ist. »Warum unser Kind?« oder »Wieso habe ich es damals nicht zur Schule gefahren, dann wäre all das nicht passiert«. Aber auch, was geschehen ist, warum und wie der Täter es gemacht hat und was er hinterher mit den Gegenständen gemacht hat, die er mitgenommen hat. All diese Fragen und Gedanken treiben die Familien um. Man glaubt gar nicht, wie wichtig ein Geständnis für diejenigen sein kann, die mit diesen Vorstellungen leben müssen. Das treibt uns an, diese Taten aufzuklären.

Nach einem Gewaltverbrechen zählt ja inzwischen jede Minute. Die Ermittler müssen sofort mit ihrer Arbeit beginnen, dürfen möglichst keine Zeit verlieren. Warum sind die ersten Minuten und Stunden nach einem Verbrechen so entscheidend für die Ermittlung?

Die ersten zwei, drei Tage nach der Tat sind von ganz besonderer Bedeutung. Sie sind geprägt von einer Intensität und dem Willen, jetzt keinen Fehler zu machen. Denn einen Fehler in der Anfangszeit holst du nicht mehr ein. Der könnte sich durch das ganze Verfahren hindurchziehen. Bei Ereignissen, bei denen es einen Täter oder eine Täterin gibt, stehen viele Fragezeichen im Raum. Nicht nur durch den Druck seitens der Angehörigen oder der Öffentlichkeit, sondern aus dem Fall selbst heraus.

Die Intensität dieser ersten Tage hat sich durch technische und gesellschaftliche Entwicklungen auf noch ganz andere Weise potenziert. Weil es vielerlei Aufzeichnungen gibt, im Bereich der Handytechnik, der Verkehrs- und Videoüberwachung. Es gibt eine Vielzahl von Aspekten, die wir nicht vergessen dürfen, da Aufnahmen nur zwei oder drei Tage gespeichert werden. Daher besorgen wir uns von Beginn an einen gigantischen Haufen Informationen, bei dem man im Nachhinein schaut, was davon zu gebrauchen ist. Aber die ersten Tage sind auch deshalb so intensiv, weil man als Ermittler zum allerersten Mal mit der Tat, den Opfern und deren Angehörigen konfrontiert wird. Deshalb ist der Anfang einer Ermittlung immer auch ein sehr belastender Moment.

Inwieweit hat sich in den letzten Jahren die Arbeit an einem Tatort verändert? Die Ermittlungstechniken sind ja sehr kleinteilig geworden, DNA, Faserspuren. Wie realistisch ist es, wenn in einem Fernsehkrimi die Kommissare am Tatort herumlaufen und dort gleichzeitig die Spurensicherung am Werk ist?

In meiner Anfangszeit ist man noch mit Rußpinsel auf Spurensuche gegangen. Einmal haben wir ein Projektil aus der Tatwaffe fünfzig Meter vom Haus des Opfers entfernt gefunden. Was war passiert? Der Kripochef hat mit seiner Schuhsohle das Projektil aufgenommen und hat es auf die Straße getragen. Heutzutage wird der unglaublichen Aussagekraft einer DNA-Spur in jeder Hinsicht Tribut gezollt. Wir Ermittler kommen mit der Kriminaltechnik (KT) zum Tatort, und die haben die Lufthoheit. Die gehen immer zuerst rein, sodass keine Fremd- oder Fehlspuren gesetzt werden können. Dann warten wir Ermittler.

Welchen Stellenwert hat die Tatortarbeit für die ermittelnden Kommissare?

Ich persönlich möchte mir immer einen Eindruck von der Originalsituation machen. Ich ziehe mir dann eine komplette KT-Ausrüstung an (weiße Ganzkörperanzüge und Gesichtsmaske) und die Kollegen sagen mir, wo ich stehen darf, wo ich nicht störe und an welcher Stelle ich nichts mehr verändern kann. Von dort aus lasse ich dann alles auf mich wirken. Das ist wichtig für mich. Das ist später wie ein Spiegel. Dann gehe ich gedanklich dorthin zurück und versuche, die Spur aufzunehmen, um einigermaßen im Rahmen des gesunden Menschenverstands Ermittlungsmaßnahmen anordnen zu können und nicht zu spekulativ zu werden. Da muss man dann auch den Mut haben und sagen: »Nee, das machen wir jetzt nicht.« Und dabei hilft mir der persönliche Eindruck, den ich am Tatort gewinne. Wenn die Kriminaltechniker den Tatort freigeben, dann gehen wir Ermittler hinein und suchen nach relevanten Dingen, beispielsweise in Schränken und Schubladen.

Wie sind denn die Abläufe, wenn ein Verbrechen entdeckt wird? Wer ist zuerst am Tatort?

Wir als Mordkommission sind ja selten diejenigen, die eine Leiche finden, sondern irgendjemand findet sie und ruft die Polizei. Dann kommt immer eine Streife und ein Rettungswagen, da es ja sein kann, dass dem Menschen noch geholfen werden kann. Und dann kommen die ersten Informationen. Hat die Person eine Halsverletzung, die ihr von außen zugefügt worden sein muss, oder steckt ein Messer im Körper, oder liegt eine Waffe daneben? Dann werden wir alarmiert – das Dezernat »Leben und schwere Rohheitsdelikte«. Wir müssen dann einschätzen: Ist es ein Unfall, ein Suizid, oder handelt es sich um ein Fremdverschulden? Der Tatort wird von den Schutzleuten abgesperrt, und zusammen mit der Kriminaltechnik kommt dann eine Besatzung vom Dezernat hinzu. Anschließend stellen wir fest, dass es sich um den Tatort eines Verbrechens handelt. Das wird gemeldet, und dann entscheidet der Kripochef, dass für diesen Fall eine Sonderkommission gebildet wird.

Wie setzt sich denn eine Sonderkommission zusammen?

Die Mitglieder einer Sonderkommission kommen aus ganz verschiedenen Abteilungen. Da kommen schnell vierzig, fünfzig Beamte zusammen. Wenn das Opfer einen Bezug zu Betäubungsmitteln hatte, sind zum Beispiel auch Kollegen vom Rauschgiftdezernat anwesend. Dann kommen unsere »Cybercrimer« hinzu, die sich um die Funkzellendaten und die elektronischen Spuren kümmern. Und Kollegen wie ich, die versuchen, die Ermittlungen zu strukturieren. Dann gibt es eine Abteilung »Fahndung«, eine Abteilung »Ermittlung«, eine Abteilung »Kriminaltechnik« und eine Abteilung »Auswertung« – das sind diejenigen, die die Informationen, die wir zusammentragen, in einem bestimmten Bearbeitungssystem elektronisch erfassen, damit wir nach und nach Weiteres erfahren. Wenn zum Beispiel während einer Vernehmung ein Zeuge aussagt, dass ein gelber BMW sehr schnell durch den Ort gefahren ist, so ist es Aufgabe der »Auswertung«, den Begriff »gelber BMW« ins System einzugeben. Anschließend sagt uns das System, bei welchen Spuren schon einmal ein gelber BMW aufgetaucht ist. So lassen sich schnell Zusammenhänge erkennen.

Die Mitglieder einer Sonderkommission fehlen natürlich in ihren »ursprünglichen« Abteilungen. Übt das auf Sie als Verantwortlicher solcher Sonderkommissionen einen zusätzlichen Druck aus?

Für jemanden, der in einer solchen Verantwortungsposition sitzt, ist das am Anfang schon eine Höllenküche – das ist brutal. Neben sehr motivierten Leuten sind da auch immer unerfahrene Kollegen dabei, die man erst einmal einstimmen muss. Und das eben in diesen ersten drei besonders wichtigen Tagen einer Ermittlung. Man muss da wirklich versuchen, das ganze schnellstmöglich zu strukturieren. Bis diese Strukturen stehen, ist natürlich auch Improvisation gefragt – ohne Improvisation geht für einen guten Ermittler gar nichts. Aber es ist so: Wenn die Kripo Karlsruhe von ihren zweihundert Kollegen fünfzig zur Sonderkommission schickt, heißt das im Umkehrschluss, es gibt weniger Rauschgiftermittler, es gibt weniger Betrugsermittler, etc. Im Tagesgeschäft fallen Dutzende von Arbeiten an, die es in Bezug auf Straftaten zu erledigen gibt. Diese müssen dann entweder innerhalb der Dezernate verteilt werden, oder sie bleiben einfach liegen. Das gefällt den anderen Chefs natürlich auch nicht. Da kommen dann nach einer Woche Nachfragen: »Habt ihr schon was? Eine heiße Spur?«

Entstehen da nicht auch immense Kosten, wenn so viele Beamte »nur« für einen Fall zusammengezogen werden?
Ja, das sind Tausende »Mann-Stunden«, die da zusammenkommen. Uns werden alle Mittel zur Verfügung gestellt, die wir brauchen. Bei einem Mord wird nicht gefragt, ob das nötig ist oder ob man das billiger machen könnte. Ich musste während meiner Mordermittlungen nie an Geld denken. Da hält uns die Dienststelle den Rücken frei.

Aber werden andere Abteilungen nicht ungeduldig, wenn ihre Mitarbeiter in einer Mordkommission gebunden sind und die übrige Arbeit liegen bleibt?
Wir sind von Anfang an dabei. Wir gehören zum Opfer, zur Familie, wir gehören zum Täter. Irgendwann sind wir so tief in den Fall involviert, dass wir an jedem Tag unseres Lebens sofort wissen, was wann wo war. Oft sind wir zutiefst davon überzeugt: Da muss was sein! Aber irgendwann kann es passieren, dass du der Einzige bist, der daran glaubt. Und dann kommt es zu der Situation, dass man als hartnäckiger Ermittler einfach nicht aufgibt. Man wendet hundertzehn,

hundertzwanzig Prozent seiner Kapazitäten auf, und natürlich muss
man sich auch irgendwann gegenüber der Dienststelle rechtfertigen,
wenn ich nach wie vor Leute halte, die in anderen Dezernaten benötigt
werden. Auch die Fragen der Kollegen werden immer kritischer. Die
müssen ja wieder zurück an ihren Schreibtisch und ihre Fälle be-
arbeiten. Da kann schon einmal Ungeduld aufkommen, aber am Schluss
halten wir alle zusammen.

**Bei oft sehr langen, intensiven und umfangreichen Ermittlungen ent-
stehen natürlich auch hohe Kosten. Am Ende aber heißt es im Urteil
oft: »Der Angeklagte trägt die Verfahrenskosten.« Sind damit auch
die Ausgaben für die Ermittlungen gemeint?**
Ja, wir erstellen zu unseren Verfahren – völlig egal in welchem Um-
fang – einen sogenannten Polizeikostennachweis. Darin enthalten sind
Kosten für Telefonüberwachungsmaßnahmen, Hubschraubersucheinsätze,
Echoloteinsätze, Dolmetscher, Gutachten und vieles mehr. Und da kann
wirklich eine Summe zusammenkommen, die in die Zehntausende geht.
Am Ende legt dann das Gericht fest, dass diese Kosten zulasten des
Angeklagten gehen.

**Die meisten Menschen arbeiten in geregelten Verhältnissen, viele
im berühmten »Nine-to-five-Job«. Bei Ihnen scheint das allerdings
nicht so zu sein.**
Ja, das stimmt (lacht). Schon bei der Berufswahl wusste ich, dass
ich niemand bin, der im Büro einen Stapel von rechts nach links
abarbeitet. Unser Beruf wird bestimmt vom Leben selbst. An einem
normalen Arbeitstag stehe ich morgens auf und fahre ins Büro und
weiß, ich habe auf dem Schreibtisch noch diesen oder jenen Fall,
aber ich weiß nicht, was der Tag mir noch bringen wird. Es kann

sein, dass ich eine Stunde am Schreibtisch sitze und an einer Akte arbeite, und plötzlich heißt es: Es gab eine Explosion, es brennt, es passiert irgendetwas im Leben. Und dann legen wir los. Im glücklichen Fall sitze ich gerade am Schreibtisch, im unglücklichen Fall ist es nachts um 2.00 Uhr und ich schlafe, wenn ich die Nachricht bekomme, dass eine Leiche gefunden wurde und etwas auf ein Verbrechen hindeutet. Dann bist du schlagartig wach, dann geht es schon los – die Checkliste. Die KT wird verständigt, dann stehen wir eine Stunde später irgendwo im Gelände und machen unsere Arbeit. Manchmal arbeite ich dann zwei oder drei Tage ohne Schlaf. Natürlich nickt man im Büro mal für eine Stunde ein, wenn es gar nicht mehr geht. Aber dieses Anfangsszenario ist mir so wichtig, dass ich das durchhalte. Und es trägt mich auch. Ich bin dann nicht gerädert oder kaputt, sondern es funktioniert einfach, es treibt dich voran. Meistens habe ich in der Regel aber schon einen Feierabend, man kann sich nur nie sicher sein.

Ermittler werden im Fernsehen oft so dargestellt: Alkoholiker, der Partner ist schon zweimal weggelaufen, das Privatleben ist völlig zerrüttet. Ist das nur eine Fernsehgeschichte?
Würde ich so sagen. Diese einsamen Wölfe gibt es nur selten. Die Menschen, die bei der Polizei arbeiten, sind ein ganz normaler Schnitt der Gesellschaft. In jedem Krimi hat man es mittlerweile mit so einem Typ Ermittler zu tun, der einen speziellen persönlichen Hintergrund hat den man meistens chaotisch darstellt. Da ist keiner dabei, der eine Frau und drei Kinder hat und auch mal mit dem Schlauchboot an den Baggersee fährt. Man könnte doch mal eine Figur erfinden, die ziemlich normal ist. Mein Zuhause beispielsweise ist mein Ruhepol. Meine Frau und ich, wir haben einen Hund. Der ist mein Therapeut,

würde ich sagen. Meine Frau ist im Kreativsektor tätig, die hat eine ganz andere Denkweise, wenn wir über Fälle sprechen. Aber das kommt selten vor. Wenn ich eine Anregung brauche, ist es oft gar nicht schlecht, wenn man nicht den Kollegen fragt oder einen anderen Spezialisten, sondern jemanden, der mit unserem Job gar nichts zu tun hat. Als ich noch nicht verheiratet war, war es zum Beispiel meine Mutter – jetzt ist es meine Frau. Aber ich mache unsere Fälle zu Hause nicht zum Tagesgespräch und mache sie zweimal durch. Ich gehe eher eine Runde mit dem Hund. Mit dem, was ich täglich sehe und erlebe, bin ich eigentlich im Reinen. Es ist nicht so, dass ich es nicht ertragen könnte.

Bei den Kollegen, mit denen ich zusammenarbeite, verhält es sich ähnlich. Und diejenigen, die das nicht verarbeiten können, die melden sich irgendwann. Die gehen dann in eine andere Abteilung. Das ist keine Schande oder Schwäche, sondern die Stärke besteht eher darin, dass wir am Schluss eine Mannschaft sind, die professionell arbeiten kann. Sicher gibt es da auch mal den einen oder anderen, dem es mal schlechter geht. Aber die Grundstruktur unseres Dezernats ist dann so, dass wir uns verstehen und gut miteinander auskommen.

Und es ist auch so: So makaber der Gegenstand unserer Arbeit auch ist, wir sind ein Dezernat, in dem viel gelacht wird, und zwar auch über Dinge, über die andere vielleicht nicht unbedingt lachen würden. Es ist eine Art Reinigung. Man kann sagen, das Lachen befreit. Man macht einen Witz über irgendetwas – nichts Despektierliches, sondern einen Witz, der natürlich auch passend ist und der bei uns anderen auch ankommt, weil wir ihn verstehen. Die Stimmung bei uns ist getragen von dieser Einstellung, um mit dem, was wir tagtäglich erleben, umgehen zu können. Wenn ich privat nicht zur Ruhe kommen würde oder wenn ich nachts aufwachen würde, weil gewisse Bilder mich verfolgen, dann würde ich schon in mich hineinhören und mir sagen, dass ich so langsam vielleicht aufhören sollte.

Haben Sie Angst, dass sich ein überführter Straftäter nach seiner Freilassung an Ihnen rächen könnte?

Das würde ich mit einem klaren Nein beantworten. Es gab Situationen, in denen ein überführter Täter Andeutungen gemacht hat, etwa wie: »Man sieht sich immer zweimal im Leben« oder »In Zukunft würde ich mich öfter mal umdrehen«. Ich höre dann nicht weg, sondern stelle ihn zur Rede. Ich weiß aber auch, wann diese Sätze fallen – ich kann sie einordnen. Gott sei Dank habe ich es noch nie erlebt, dass etwas in meinem Privatbereich passiert wäre. Ich habe durchaus Leute gesehen, die über viele Jahre hinweg im Gefängnis saßen, aber ich habe nie Schwierigkeiten mit ihnen gehabt.

Es gab einmal einen Verbrecher, mit dem ich während der Ermittlungen glänzend zurechtkam und den ich eineinhalb Jahre vernommen habe. Der Mann sah mich auf seiner Seite. Er glaubte, dass wir gemeinsam gegen das Böse arbeiten. Er hat dabei einfach ausgeblendet, dass er selbst der Böse ist. Er war eine richtige Verbrechergröße – im Milieu ein mächtiger Mann. Damals war er aber schon etwas älter. Als er eingesperrt wurde, ist er ausgeflippt und hat mich bedroht. Wäre das dreißig Jahre zuvor passiert, hätte mich das vermutlich schon in Angst versetzt. Trotzdem war das der einzige Moment, an dem ich froh war, dass er nun im Gefängnis sitzt und da auch nicht mehr rauskommt. Er ist dann auch im Gefängnis gestorben. Meiner Erfahrung nach ist es aber eher selten, dass uns jemand nachstellt und auf Rache sinnt.

Bekommen Sie mit, wenn die Leute entlassen werden?

Diese Nachricht bekomme ich nicht. Ich muss mich immer wieder informieren, wenn ich es wissen will. Aber es gibt eine Art elektronische Mitteilung, dadurch bedingt, dass die Datensätze mittlerweile alle von der Polizei zur Staatsanwaltschaft, in die Justiz und dort in den Vollzug gehen. Da kann es sein, dass eine Rückmeldung kommt, dass der Rest einer Strafe auf Bewährung ausgesetzt wird. Aber ich bekomme es nicht direkt gesagt, und ich erfrage es nicht, weil ich niemanden im Kopf habe, der mir Sorgen macht.

D A N K S A G U N G

Wir bedanken uns bei Ingrid El-Sigai, Andreas Gerlach, Michael Henk, Julius Klemm, Andreas Kronhart, Eva Lapp, Christina Lapp, Werner Lapp, Wolfgang Metzger, Hannah Naumann und dem gesamten Emons-Team, Uwe Picard, Anna Pietocha, Hannah Reinhard, Alexander Rieckhoff, Alberto Sarno, Dr. Harald Schneider und Alexander Wieland.

Wir danken zudem allen Kommissaren, den Polizei-Pressestellen, dem Hessischen Landeskriminalamt sowie den jeweiligen Staatsanwaltschaften für das uns entgegengebrachte Vertrauen.